Arena-Taschenbuch
Band 1270

D1673717

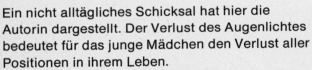

Ein nicht alltägliches Schicksal hat hier die
Autorin dargestellt. Der Verlust des Augenlichtes
bedeutet für das junge Mädchen den Verlust aller
Positionen in ihrem Leben.
Dieses Problem schildert die Autorin in einer
sehr schlichten, aber doch eindringlichen Weise.
Das Buch kann manchem Mädchen ein Spiegel
sein, der ihm zeigt, wie menschliche Probleme zu
bewältigen sind. Das ist bei diesem Roman besonders herauszustreichen.

Vereinigte Jugendschriften-Ausschüsse

Irene Rodrian

Die Welt
in meiner Hand

Die Geschichte eines mutigen Mädchens

Erzählt nach Berichten und Aufzeichnungen
von Erika Rodrian

Auf der Bestliste
zum Deutschen Jugendbuchpreis

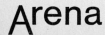

2. Auflage als Arena-Taschenbuch 1980
16.–25. Tausend
© 1969 by Arena-Verlag Georg Popp Würzburg
Alle Rechte vorbehalten
Umschlaggestaltung: Aiga Rasch
Gesamtherstellung: Richterdruck Würzburg
ISBN 3 401 01270 3

Inhalt

Ich habe Angst

Ich habe Angst, grauenhafte Angst; morgens, abends, immer. Die Nacht ist dunkel, das ist normal. Aber in meinen Träumen scheint die Sonne.

Ich liege am Strand. Der Sand ist heiß und brennt auf der Haut. Braun bin ich, und die anderen auch. Gustl, Cäsar, Jonas, Fred und die Mädchen, die ganze Bande eben. Alles ist hell. Mein Badeanzug ist nicht richtig rot, das Wasser nicht blau. Es perlt weiß und blendet mich. Sonnenreflexe. Das Licht glüht, und ich wache von der Hitze auf. Ich bin naßgeschwitzt, aber im Zimmer ist es kühl und dunkel, weil es Nacht ist.

Angst ist dunkler als Nacht, nicht grau oder dunkelblau oder so, schwarz. Schwarz ist keine Farbe. Schwarz ist Angst.

Jemand ist an meiner Tür. Die Klinke senkt sich, klick, die Tür schwingt frei nach innen, Schritte.

Es ist nicht Nacht. Morgen, heller Tag. Ich fasse an den Verband über meinen Augen. Er ist naß.

»Ilse, warum weinst du?«

Ich schweige.

»Du weißt, daß das nicht gut ist«, sanft: »für die Augen.«

Ich rieche den frisch gestärkten Kittel. Ich höre ihn auch, er knistert neben meinem Bett.

Sie heißt Beate, Schwester Beate. Sie ist 22 Jahre alt, sie hat eine etwas heisere Stimme, die oft so klingt, als wäre sie gerade gelaufen oder hätte gelacht. Dann hat sie noch zwei kühle Hände und Schritte, tap, tap, tap. Das ist alles; keine Figur, kein Gesicht, nichts. Sie ist erst seit acht Monaten hier, aber den Verband habe ich schon seit zwei Jahren. Wenn er mir den Verband abnimmt, werde ich nicht hier in diesem Zimmer sein. Professor Hanslin. Sein Untersuchungszimmer ist unten, gleich neben dem Eingang. Ganz dunkel ist es, mit schwarzen Vorhängen vor den Fenstern. Früher, ganz am Anfang, da konnte ich noch sehen: den roten Schein von der kleinen Untersuchungslampe, die dünnen Lichtritzen unter den Fenstern. Dann die Operation, Schmerzen, wieder Operationen, Schmerzen.

Jetzt habe ich keine Schmerzen mehr. Der Verband ist dünn und leicht. Ich müßte doch eigentlich ...

»Ilse, hör auf zu weinen, bitte!«

Licht! Wenigstens ein kleiner grauer Schimmer?

Ich habe Angst.

Neben mir klappert das Frühstückstablett.

»Draußen scheint die Sonne.« Sie öffnet das Fenster.

Ich mag Beate, ich schweige trotzdem.

Ich höre die Vögel vor dem Fenster, ich spüre kühle Luft auf meiner Haut, ich rieche frisch gemähtes Gras.

Sie sieht. Die Sonne, die Bäume und Blumen und die weißen Kieswege mit den Führungsstangen und den bunten Holzbänken. Von meinem Fenster aus kann sie bis zur Parkmauer sehen, das hat sie mir selbst gesagt.

»Heute ist Freitag«, sage ich plötzlich.

Sie antwortet nicht, aber ich weiß, daß sie mich ansieht.

Jetzt ist sie beim Waschbecken.

»Frotteetag«, sage ich. »Jeden Dienstag und Freitag gibt es neue dünne Handtücher und jeden Freitag ein neues Frottee. Letzter Frotteetag war der 4. Mai. Da kam das Päckchen von Mutti mit dem Steckschach. Drei Tage danach war Ferienanfang, draußen meine ich. Wenn Sie am Becken herumklappern, ist heute wieder Frotteetag. Freitag, der 11., stimmt's?«

»Ja«, sie klappert weiter.

»Also höchstens noch drei Tage.«

»Hm?«

»Heute oder morgen oder höchstens übermorgen müßt ihr mich rauslassen. In der ersten Maihälfte, hat der Professor versprochen; und Sie auch und Mutti auch, schon seit Weihnachten.«

Schweigen. Sofort ist die Angst wieder da.

»Entlassen!« schreie ich. »Ihr müßt mich entlassen! Ihr habt es versprochen! Tut den Verband runter, ich bin gesund!«

»Aber sicher«, sagt sie, »iß erst mal.«

Ihre Stimme klingt normal, und ich beruhige mich. Meine Hände tasten nach dem Tablett. Jetzt habe ich Hunger.

Ich höre, wie Beate wieder hinausgeht und die Tür hinter sich zuzieht. Ich esse. Zwei Honigbrote und ein Glas mit kalter Milch. Das Tablett ist an dem fahrbaren Bettwagen angeschraubt, für den Teller, das Glas und das Besteck gibt es Vertiefungen.

Freitag – das ist immer so ein Tag, an dem sie Leute entlassen. Dann ist das Bett übers Wochenende frei. Oder auch Samstag – natürlich auch Samstag. Doris wurde letzten Samstag entlassen. Sie haben noch keine Neue zu mir reingelegt. Vielleicht warten sie, bis ich auch weg bin. Doris geht jetzt schon wieder in die Schule. Ach, Blödsinn, es sind ja Ferien – aber trotzdem. Wenn ich mir vorstelle, daß man sich auf die Schule freuen kann . . .

Vorsichtig schiebe ich den Wagen zur Seite. In der Nachttischschublade finde ich zwischen dem Schachspiel, der Blockflöte, den Taschentüchern und dem anderen Zeug einen letzten Sahnebonbon. Ich wickle ihn aus – schmeckt sandig.

Dann fällt es mir plötzlich ein: die Schule, die Bande, meine ganzen alten Freunde, alles aus. Unser neues Häuschen; Mutti ist umgezogen, als ich schon hier war. Warenburg habe ich noch nie gesehen – neue Stadt, neue Schule, neue Leute. Nur Mutti und die Brüder sind noch da.

Und wenn schon. Ich versuche zu pfeifen, aber es geht nicht, der Bonbon ist noch zu groß. Ich stehe auf und gehe direkt auf den Schrank zu. Meine rechte Hand trifft genau den Griff. Das Zimmer kenne ich. Ein Tisch unter dem Fenster, der Schrank, dann das leere Bett. Zwei Stühle, ein Sessel, neben meinem Bett das Waschbecken. Am Anfang mußte ich immer die Schritte zählen, heute klappt das wie von selbst.

Vorsichtig taste ich in den Fächern herum. Sie sind so übersichtlich geordnet, daß ich . . . Übersichtlich? Übergrifflich. Die Angst ist immer da. Sie lauert sogar hinter den Wörtern.

Ich ziehe den Koffer heraus, der ganz unten im Schrank liegt. Stoff, lauter Stoff. Hatte ich so eine Bluse mit langen Ärmeln dabei? Oder ist das ein Kleid? Stoff ist Stoff. Ich wühle hastiger, irgend etwas fällt heraus, ich sitze mitten in einem Haufen Stoff. Nehmt mir doch endlich den Verband ab! Ich werfe die Sachen wütend hinter mich. Ich heule.

Ich habe nicht gehört, daß die Tür aufgegangen ist – Schwester Anni.

»Was machst du denn da?«

Ich kann nicht antworten. Ich habe Angst. Diese weichen Stoffdinge rund um mich herum. Anni räumt alles weg; mit drei Handgriffen.

»Was wolltest du denn anziehen?«

»Die Blue jeans und den hellblauen Pulli.«

Zweimal fällt etwas auf mein Bett, Anni ist wieder draußen, sie hat den Frühstückswagen mitgenommen. Ich stehe da und bin wütend.

Das Anziehen dauert heute länger als sonst. Meine Hände zittern. Der rauhe Stoff der abgewetzten Blue jeans spannt sich.

Verflixt, was ist los? Die haben mir falsche Hosen reingetan. Die reichen knapp bis über die Knie. Babyhosen. Ich versuche den Reißverschluß zu schließen. Hoffnungslos.

Dann weiß ich es: Ich bin gewachsen; mehr als einen halben Meter in zwei Jahren. Ich werde dauernd gewogen und gemessen hier, aber ich habe nie daran gedacht. Als ich herkam, war ich ein kleines dünnes Mädchen mit einem langen Pferdeschwanz, gerade vierzehn.

Und jetzt? Der Tisch ist viel niedriger geworden, und die Stühle auch. Ich ziehe die Blue jeans wieder aus und nehme das neue Strickkleid. Blau ist es, hat Mutti gesagt. Die Haare haben sie mir auch abgeschnitten, Mauseborsten.

Ich gehe zum Waschbecken und taste über die Wand. Auf dem Glasbrettchen steht das Zahnputzglas, Mundwasser, Bürste und Kamm. Darüber ist nichts; nur die rauhe Wand.

Blinde brauchen keinen Spiegel.

Ich fange schon wieder an zu heulen. Einbildung, rede ich mir ein. In dem Zimmer ist deshalb kein Spiegel, weil ich sowieso entlassen werde, sobald der Verband runterkommt – heute vielleicht schon oder morgen.

Ich gehe zur Tür und hinaus auf den Flur. Nach links, zur übernächsten Tür. Siebzehn Schritte genau. Es ist sehr still. Nur irgendwo am Ende des Ganges klirrt Geschirr.

Bin ich allein? Beobachtet mich jemand? Ich nehme mir

vor, nicht mehr an solchen Unsinn zu denken, und drücke die Tür auf.

Der Lärm ist unbeschreiblich. Am lautesten Peters Stimme. »He!« Er krächzt wie ein alter Rabe. »Ruhe! Ille ist da!« Peter ist ein Rüpel, aber ich mag ihn. Er erinnert mich an die Zwillinge Mick und Martin. Sie waren aber schon zehn, als ich hierherkam. Peter ist erst acht. Und die Zwillinge sind jetzt schon zwölf – und ich bin sechzehn.

»Gleich ist Stille, da kommt Ille!«

»Komm zu mir!«

»Zu mir!«

An jeder Seite des Zimmers stehen drei Betten: links Maren, Ursel und Susie, auf der rechten Seite Peter, Hans und das kleine Gretchen. Alle sind viel kleiner als ich. Gretchen ist erst vier. Ich bleibe bei ihrem Bett stehen. Sie hat kleine weiche Pfötchen und Flauschhaar wie ein Eichhörnchen. Ich nehme sie aus dem Bett, und sie klammert sich an mir fest.

»He, Ille, merkst du nichts?«

»Doch, ihr habt Pfefferminz gegessen! Ich kann's riechen.«

Ich setze Gretchen zurück, sie mault.

»Ille dableiben!«

»Nein, noch etwas anderes. Na, merkst du es?« Peter quietscht vor Vergnügen. Er kann sehen, der Verband ist nur über einem Auge. Alle können sie sehen. Langweilige Bindehautentzündungen oder eine Schieloperation wie bei Hans. Nur Susie, die hat einen dicken Verband über beiden Augen, so wie ich.

Nicht mehr lang, denke ich schnell. Ich gehe zu ihrem Bett hinüber. Sie ist zehn Jahre alt, ein betrunkener Autofahrer hat sie überfahren. Beide Beine sind gebrochen, und der Kopf . . . Ein Auge ist verloren, und niemand weiß, ob sie je wieder sehen wird. Ihr Kopf glüht unter dem Verband. Sie hat immer Schmerzen. Sie ist erst seit acht Wochen hier – ich schon hundert, über hundert Wochen. Für Susie fängt die ganze Quälerei erst an. Und ich bin bald frei: in der ersten Maihälfte.

»Also, du merkst es doch nicht!«

»Aber natürlich!« Ich schnuppere. »Es ist frisch gebohnert!«

»Nein, falsch, etwas anderes!« Sie lachen durcheinander

und tuscheln. Ich höre nackte Füße über den Boden tapsen.
»Die arme Ursel!« piepst Hans.

Ich gehe zu Ursels Bett. Es ist plötzlich ganz still. Ich
taste über die Decken. Ursel bewegt sich nicht. Ich suche
ihren Kopf. Ein Kissen. Alles sind nur Kissen, zusammen-
gestopft unter der Decke.

Die Kinder brüllen vor Lachen. Ich schlucke krampfhaft.
Blind. Wenn ich für immer blind wäre, das könnte ich
nicht aushalten.

Ich erzähle ihnen Märchen, um wieder Oberwasser zu bekommen.

»Vom Fischer und seiner Fru«, fordert Ursel und klettert
in ihr Bett zurück.

»Ja, meine Fru, die Ilsebill, die will nich so, als ick dat
will . . .«

»So wie die Ille später mal bei ihrem Mann!« kräht Peter
dazwischen. Dann erzähle ich »Der gestiefelte Kater«,
»Dornröschen« und »Hans im Glück«. Als Andreas und
ich noch klein waren, hat das alte Röschen uns jeden Abend
die Märchen erzählt. Noch weiß ich alles genau, und die
Kinder hier passen auf, daß ich kein Komma weglasse.

»Rumpelstilzchen! Rumpelstilzchen!« schreit Peter. Und
dann lauern sie alle darauf, wie die arme junge Königin
das böse Männchen immer wieder fragt: Heißt du vielleicht Hammelwade oder Schnürbein? Sie lachen. Heißt
du vielleicht Hinz oder Kunz? Heißt du etwa Rumpelstilzchen?

Ich höre ihre Stimmen noch draußen auf dem Gang.

»Ach wie gut, daß niemand weiß, daß ich Rumpelstilzchen
heiß.«

Vor meiner Zimmertür steht jemand.

Ich merke es, noch bevor ich dort bin, ich spüre es. Ich
bleibe stehen. Es ist Schwester Beate.

»Hallo, Ilse!« Ihre Stimme ist laut und fröhlich. Fröhlich?
Ich gehe langsam an ihr vorbei, und sie kommt mit in
mein Zimmer.

»Was würdest du zu einem Ausflug sagen?«

»Ein Ausflug?« Ich halte die Luft an. Neben mir atmet
Schwester Beate.

»Ja, mit Professor Hanslin. Nach dem Mittagessen.«

»Der Professor!« Ich habe es gewußt. Ich hab's die ganze
Zeit über gewußt. Erste Maihälfte! Wenn jemand so lange

in der Klinik war wie ich und entlassen wird, dann macht der Professor eine Abschiedsfahrt mit ihm; alter Brauch. Ich fange an herumzuhopsen und zu singen und merke nicht, daß Schwester Beate wieder hinausgeht.

Die Wahrheit

Es gibt Fisch zum Essen. Das weiß ich, bevor Anni an die Tür klopft, tamtam-tam, tamtam-tam, und den Mittagswagen hereinschiebt. Bevor ich den Fisch rieche, ist mir klar, am Freitag gibt es Fisch. Wenn es Fisch gibt, dann ist Freitag. Am Samstag gibt es dicke Suppe, am Sonntag Fleisch.
Einen gedruckten Kalender könnte ich ja nicht lesen.
Anni muß mich nicht füttern. Sie zerteilt nur den Fisch und nimmt die Gräten weg. Ich esse sehr vorsichtig. Es hat lang gedauert, aber jetzt kann ich es, fast ganz ohne Flekken zu machen und ohne mit der linken Hand in den Teller zu fassen. Ich bin satt.
»Aber Ilse, du hast doch noch gar nichts gegessen.«
Ich kann nichts sagen, und ich kann nicht runterschlucken. Die Kartoffel würgt mich im Hals.
Die ganzen letzten Wochen über war die Angst da wie mein Schatten. Aber sie hat mich nicht am Essen gehindert oder am Reden. Ich habe zwei Jahre lang hier in der Klinik gelebt, und als ich aufstehen durfte und als die Schmerzen zurückgingen, da habe ich eine ganze Menge gelernt: zu leben mit einem dicken Verband vor den Augen; sich waschen und anziehen, essen, gehen, tasten. Ich war sogar noch stolz darauf. Jetzt nicht mehr.
Die Angst ist plötzlich lebendig geworden, so greifbar, daß ich sie packen kann, daß sie mich packen kann.
Ich schüttle den Kopf und schiebe das Tablett zur Seite. Anni widerspricht nicht. Sie nimmt den Wagen wortlos wieder mit hinaus, und das ist ein schlechtes Zeichen.
Die Angst wächst.
»Bist du fertig, Ilse?«
Schwester Beate. Wenn sie sich nur nicht immer so ins Zimmer schleichen würde.

»Nimm noch eine Jacke, es ist kühl draußen.«

Klingt ihre Stimme fröhlich oder nicht? Ist es echte Fröhlichkeit oder verkleidete Traurigkeit? Was für ein Gesicht macht sie? Was verraten ihre Augen?

»Nehmen Sie mir den Verband ab!«

»Nein, noch nicht.«

»Bitte!«

»Das ist nicht meine Aufgabe. Professor Hanslin . . .«

Ich hole die dicke Strickjacke aus dem Schrank. Angeblich hat sie das gleiche Blau wie mein Kleid. Mutti, sie ist Lehrerin. Sie kann mich nicht so oft besuchen. Ist doch klar, sie muß ja arbeiten. Für vier Kinder sorgen. Ich fange schon wieder an zu heulen.

»Ich will den Frühling sehen!« sage ich leise.

»Du kannst ihn fühlen.«

»Ich will ihn sehen!«

Ich denke an meinen Vater. Er ist tot, Autounfall. Ich war erst neun. Wenn wir im Frühling durch den Wald gelaufen waren, hatten wir immer gewettet: »Wer sieht die erste Lerche?« Ich hatte immer gewonnen, vor Vater, Mutti und Andreas. Ich hatte alles als erste entdeckt.

»Vorsicht, Stufe!«

Beate führt mich schnell, zu schnell. Ich habe Angst. Vor Treppen und vor fremden Menschen. Meine Füße tasten über den Linoleumboden, glatter Stein, wieder eine Treppe, wir sind draußen.

Das Haus vom Professor steht auf demselben Grundstück. Er spielt Klavier; abends manchmal für uns. Seine Frau singt, und er spielt Klavier. Er spielt so – so wie . . . Wenn ich erst zu Hause bin, werde ich auch wieder spielen. Wenn ich erst wieder . . .

Ich denke nicht weiter, weil ich seine Schritte höre. Jeder hat andere Schritte. Der Professor hat lange, dunkle Schritte.

»Hallo, Ilse, da bist du ja. Fein.«

Ich gehe jetzt zwischen dem Professor und Schwester Beate. Das Tor quietscht rostig, es riecht nach Benzin und Autos. Menschen, Geräusche, Krach. Ich will stehenbleiben, aber sie ziehen mich weiter. Ich spüre glatten Lack an meiner Hand, die Autotür. Das Metall ist sonnenwarm.

»Also, Wiedersehen!« sagt Beate.

Ich sitze tief, es riecht nach Leder und ganz stark nach

Benzin. Der Professor läßt den Motor an. Wir bewegen uns. Wieso hat sie mir nicht viel Spaß gewünscht?

Es ist ein offenes Auto. Der Professor fährt langsam, aber ich spüre den Wind. Kein Kabrio, nur ein Schiebedach.

»Ich wette, Ihr Auto ist nicht weiß. Auch nicht beige; eine dunkle Farbe, Schwarz oder Blau oder Grün; höchstens Dunkelrot.«

Er lacht.

»Donnerwetter, wie kommst du darauf?«

»Weil die Tür und der Kotflügel warm waren. So heiß ist die Sonne noch nicht, nur eine dunkle Farbe nimmt die Wärme so an, ein helles Auto wäre kühl geblieben.«

»Alle Achtung, du solltest Detektiv werden. Es ist ein dunkelblauer Karmann, und die Sitze sind rot.«

Gerade in dem Augenblick, in dem die Fahrt anfängt, mir Spaß zu machen, fallen mir die anderen ein: die Leute draußen, die in ihren Autos sitzen oder auf Fahrrädern oder Mopeds. Sie sehen mich.

Meinen Kopf mit dem weißen Verband vor den Augen.

Die Angst ist wieder da, und ich ducke mich tief in den Sitz hinein. Er sagt nichts, und ich bin froh darüber. Die Reifen singen glatt auf dem Asphalt, der Motor wird leiser, vierter Gang, dritter Gang. Wir biegen nach rechts ab, unter mir holpern die Räder über einen Feldweg.

Die anderen sind auf der großen Straße zurückgeblieben, ich richte mich wieder auf.

Er raucht. Ich kann riechen, daß es Zigaretten sind. Rund um uns machen die Vögel einen Mordsspektakel. Ein Zweig streift an der Tür, der Wagen steht.

»Warte einen Moment, ich bin gleich wieder hier. Ich habe etwas entdeckt!«

Er steigt aus, ich bin allein. Auch der Geruch von seiner Zigarette ist weg. Bäume? Wald? Hecken? Ich höre die Vögel und spüre die Sonne auf meiner Haut, auf der Nase. Wenn ich mich zurücklehne, wird es gleich etwas kühler. Das Schiebedach läßt nur ein Sonnenviereck herein. Es schneidet ein Loch in den Himmel. Für mich nicht. Für mich ist es dunkel, schwarz.

»Hier.« Er ist wieder da. Der Wagen senkt sich, ich spüre den kratzigen Stoff seiner Jacke. Irgend etwas kitzelt mich am Kinn.

»Veilchen!«

Er lacht leise. Wir fahren wieder. Der kleine Strauß in meiner Hand wird warm. Jetzt riecht es nur noch nach Veilchen im Auto.

»Wir sind gleich da, eine Wiese am Waldrand. Ich habe Kuchen und eine Decke dabei. Wir machen ein richtiges Picknick.«

Komisch, der Professor schenkt mir Veilchen, der Professor hat eine Kratzjacke an statt dem glatten Kittel, der Professor lacht. Der Professor ist ein Mensch.

Der Wagen hält wieder. Etwas klappert, vermutlich der Aschenbecher. Ich überlege, wie der Professor damals ausgesehen hat. Groß, riesengroß. Aber ich war ja selber so klein. Und sonst? Nichts, ich habe es vergessen.

Es ist sehr still. Sogar die Vögel machen nicht mehr soviel Krach. Oder bilde ich mir das nur ein? Ich unterscheide einzelne Stimmen. Tschilpen, Trillern, ein Kuckuck. Ich zähle laut mit und komme bis siebenundvierzig. Nicht schlecht.

Der Professor holt tief Luft und steigt aus. Er kramt hinten im Auto herum, dann ist er an meiner Tür, öffnet sie und legt eine Hand auf meinen Arm. »Komm!«

Wir gehen über einen festgestampften Weg. Es riecht nach Erde und Tannen, nach Harz und trockenem Gras und nach meinen Veilchen. Er hält mich am Ellbogen fest. Der Weg hört plötzlich auf. Ich fühle einzelne, dicke Grasbüschel, ein harter, dürrer Halm pikt mich, es geht etwas bergauf. Dann wird der Boden glatt. Tannennadeln?

»Hier bleiben wir.« Er läßt mich los, ich spüre den Luftzug, als er die Decke ausbreitet.

Wir sitzen in der Sonne und knabbern Kuchen, Nußzopf. Ich ziehe die Jacke aus, es ist warm. Neben der Decke berühren meine Hände den warmen Boden, sandige Erde, Gras, trockene Halme und frische, kühle Blüten, feste, runde Kugelknospen, Tannennadeln, nein, Kiefernnadeln, lang und nadelspitz, immer zu zweit, durch ein kleines Hütchen verbunden, wie Haarklammern.

»Sind hier Kiefern?«

Er antwortet nicht, aber ich weiß, daß er dicht neben mir sitzt. Ich weiß auch, daß die Sonne scheint, daß es ein heller, leuchtender Frühlingstag ist. Nichts leuchtet. Es ist dunkel.

»Bitte, den Verband, machen Sie ihn ab, ja?«

Ich weiß nicht, ob er mich gehört hat. Ich habe geflüstert. Er redet von etwas ganz anderem.

»Gestern ist mir da wieder ein Buch in die Finger gekommen, das ich besonders gern mag. Ich will dir die Geschichte erzählen, Ilse. Die Geschichte einer Frau, die ich sehr bewundere und verehre, obwohl ich sie nie kennengelernt habe.«

Meine Finger haken zwei Kiefernnadeln ineinander.

»Sie heißt Helen Keller, eine Amerikanerin. Sie wurde als kleines Kind blind, nach einer schweren Krankheit, blind und taubstumm. Ein kleines Mädchen, das nicht hören konnte, nicht sprechen und nicht sehen. Sie war erst zwei Jahre alt, und ihre Eltern versuchten alles, um ihr zu helfen. Sie waren reich. Es gab Reisen, Ärzte, Professoren, Wissenschaftler. Aber alles war umsonst. Die Eltern liebten ihr Kind, aber sie konnten keinen Kontakt zu ihm finden. Blind, taub und stumm. Das kleine Mädchen wuchs, wurde lebhafter, wilder und immer schwieriger. Es wußte ja — überhaupt nichts. Und es war sehr einsam und unglücklich — bis Anne Sullivan kam, eine junge Lehrerin. Die kleine Helen war inzwischen sieben Jahre alt, und was sie und Anne Sullivan geleistet haben, ist wirklich bewundernswert und beispielhaft.«

Seine Stimme hat sich verändert. Meine Finger machen einen Knoten in die Kiefernnadel, sie bricht.

»Ich weiß nicht, ob du es dir vorstellen kannst, Ilse. Ein kleiner Mensch, der keine Möglichkeit hat, etwas zu sehen oder zu hören, der nicht lernen kann, der bleibt ein kleines Tier. Helen war ein Tier, ein wildes, trotziges, bockiges Tier, das nichts kannte, keine Worte, keine Begriffe, nichts. Erst als Anne Sullivan kam, lernte sie in unendlich mühsamer Arbeit sprechen, lesen und schreiben. Anne Sullivan buchstabierte ihr jedes Wort mit den Fingern in die Hand. Immer wieder und wieder, bis sie den Sinn verstand und dann unersättlich alles lernen wollte. Als sie das Taubstummenalphabet kannte, lernte sie die Blindenschrift. Sie hat später als erwachsene Frau alles beschrieben, du mußt das Buch einmal selbst lesen.«

Die Kiefernnadel zerbröckelt in lauter kleine Stückchen.

»Später lernte Helen Keller sogar sprechen. Aber vor allem lernte sie denken. Mit zwanzig Jahren machte sie ihr Abitur und vier Jahre später ihr Staatsexamen cum laude, mit Auszeichnung. Sie ist in der ganzen Welt herumgereist, hat Vorträge gehalten und viel getan für die Blinden und Taubstummen. Sie hat den Ehrendoktor von vielen Universitäten erhalten und ist ein großes Beispiel dafür, was ein Mensch erreichen kann, wie er mit seinem Verstand und dem festen Willen die Schwierigkeiten überwinden und sein Leben formen kann.«

Er redet und redet. Ich kann nicht zuhören. Wozu erzählt er mir das alles? Mir! Blindes Mädchen.

»Nein!« schreie ich. »Hören Sie auf damit!«

»Ilse, du mußt jetzt sehr tapfer sein.«

»Ich will nicht tapfer sein!«

»Du warst es doch bis jetzt, die ganze Zeit über.« Seine Hand legt sich auf meine Hände mit den Kiefernnadeln. Ich schreie.

»Nein! Nein!«

»Doch, Ilse. Ich muß jetzt ehrlich zu dir sein. Du bist blind.«

Ich kann nur noch wimmern.

»Nein, nein, nein!«

Ich fühle, wie er den Verband von meinen Augen nimmt. Ich hebe den Kopf, und die Sonne scheint auf mein Gesicht, auf meine Augen. Aber es bleibt dunkel – schwarz.

Träume

Ich weine nicht.

Ich kann nicht mehr weinen. Es kommen einfach keine Tränen. Mir ist schlecht. Es ist heiß. Ich friere.

»Ilse!«

»Fassen Sie mich nicht an!« Ich zucke vor seiner Stimme zurück, aber sie folgt mir nach.

»Ilse, du hast es doch gewußt, ja?«

»Gehen Sie weg! Gehen Sie doch endlich weg!«

Die Angst ist nicht mehr da; gar nichts, nur Leere, dumpfe, schwarze Leere. Ich hasse ihn. Mir ist so schlecht.

Er redet über Tapferkeit, Gott, davon, daß das Leben weitergeht, über Schönheit, Relativität, Glück.

Ich glaube, ich habe ihn geschlagen. Er schüttelt mich.

Ich sitze im Auto. Schwester Beate bringt mich ins Bett wie ein kleines Kind. Ich beiße sie in die Hand. Sie sagt nichts.

Tage. Nächte.

Ich bin blind. Ich will nicht! Das ganze Leben liegt vor mir, ich bin doch erst sechzehn. Anni bringt mir einen Teller mit Weintrauben. Ich schlage ihn vom Nachttisch, er zerspringt klirrend. Nie wieder sehen, die Menschen, Mutti. Ich weine. Mick und Martin sehen jetzt ganz anders aus, größer, und Andreas auch. Die Sonne, der Mond, die Sterne, Blitz, ich werde nur den Donner hören. Jedes Jahr an Großvaters Geburtstag, am 11. August, gehen wir mit Mutti abends spazieren. Wir suchen Sternschnuppen. – Bücher, Kino, Schule, die anderen – Liebe. Schwester Beate streichelt mich. Ich drehe mich zur Wand. Anni stellt mir eine Extraportion Pudding hin. Ich esse nichts. Beate redet mit mir. Tapferkeit, tapfer, tapfer. Ich will nichts hören.

»Ilse, Susie geht es nicht gut. Wir würden sie gern zu dir ins Zimmer legen. Es ist zu laut drüben.«

»Nein! Ich will allein sein! Laßt mich doch endlich allein!« Ich will tot sein.

Es ist ruhig. Sie sind alle draußen. Dann wieder Schritte. Der Professor. Ich drehe mich zur Wand. Er bleibt neben meinem Bett stehen. Ich warte.

»Es reicht jetzt, Ilse. Verflixt, ich habe dich wirklich gern gehabt. Ich dachte, du bist ein intelligentes und vernünftiges Mädchen, aber du benimmst dich wie eine unreife, dumme und egoistische Göre. Ich weiß, daß es schwer für dich ist, sehr schwer. Aber wir können nichts dafür; am allerwenigsten die Schwestern oder die Kinder, Susie!«

Er dreht sich weg und geht wieder hinaus. Er hat nicht einmal gewartet, ob ich vielleicht auch etwas sagen will. Soll er doch!

Habe ich geschlafen? Ich weiß es nicht. Ist es Tag oder Nacht, Abend oder Morgen? Ich habe Hunger. Keiner kommt herein.

Ich bin allein.

Ich warte. Seit zwei Jahren warte ich. Ich habe alles getan, was sie gesagt haben. Ich bin wochenlang still im Bett gelegen. Die Schmerzen – ich habe alles ausgehalten. Ich habe nicht geweint, ich war tapfer. Und wozu? Umsonst.

Draußen klappert der Wagen mit den Tellern und Schüsseln. Ich ziehe die Decke über den Kopf und warte. Aber es kommt niemand herein. Als ich wieder unter der Decke hervorkomme, ist der Wagen schon ein Zimmer weiter. Von mir aus! Mein Magen knurrt. Und wenn schon. Können sie auch noch Essen an mir sparen. Wenn sie nur wüßten, wie wenig mir das ausmacht. Der Wagen kommt zurück. Klappern, Klirren. Die Gummiräder flüstern auf dem Linoleum. Ich weiß nicht, wie das passiert, aber plötzlich stehe ich an der Tür.

»Schwester Anni?«

»Ja?«

»Bitte, ich möchte ... Ich meine ... Ich möchte gern, daß Susie zu mir kommt.«

Ich stolpere zurück, stoße mir das Schienbein am Stuhl an und falle beinah über den Sessel.

Sie sind wieder nett zu mir.

Ich esse und trinke. Neben mir, im anderen Bett, liegt Susie und schläft. Nein, das ist nicht wahr, sie schläft nicht. Sie liegt nur ganz ruhig, als ob sie schläft. Susie weint nicht. Ich höre nur an ihrem Atem, daß sie Schmerzen hat. Sie atmet kurz und dünn wie eine kleine Maus.

Ich erzähle ihr Geschichten, Märchen. Ich bekomme sie nicht mehr richtig zusammen, fange am falschen Ende an und höre zu früh auf und zwischendrin heule ich. Aber Susie sagt nichts.

Der Professor war da. Ich habe so getan, als würde ich nichts hören, und habe weitererzählt, vom Zwerg Nase. Ich habe es tatsächlich geschafft, erst loszuheulen, als er wieder draußen war.

Und dann kommt Peter.

Er platzt zur Tür herein wie ein junger Hund.

»He, Ille, ich werde entlassen!«

Er steht an meinem Bett, packt meine Hand. Etwas Kleines, Feuchtes wird mir zwischen die Finger gedrückt. Es riecht nach Veilchen.

»Hab' ich für dich gepflückt.«

Ausgerechnet Veilchen. Ich will nicht weinen, ich will nicht!

»Das ist ja toll«, sage ich.

»Am besten, du versteckst sie unter der Matratze, ich hab' sie im Park vom Beet geklaut!«

Ich weiß nicht, Peter ist doch wirklich lustig, und mir kommen schon wieder die Tränen.

»Ach wo, Schwester Beate wird mir eine Vase dafür geben.«

»Als Andenken an mich. Faß mal das Pflaster an, ganz klein!« Er nimmt meine Hand und führt sie an sein Gesicht. Stimmt, das Pflaster ist kaum zu spüren. Ich taste über sein Gesicht. Er hat breite Backenknochen, eine Stupsnase und einen Pelz aus gekringelten Drahthaaren auf dem Kopf. Er reißt sich los und flitzt wieder hinaus.

Ich stehe auf und taste mich zum Waschbecken. Mein Knie stößt an den Nachttisch. Ich suche das Zahnputzglas. Ich kann es nicht finden. Da. Es klirrt ins Becken, springt heraus und rollt weg, irgendwo unters Bett oder sonstwohin. Ich werfe die Veilchen ins Waschbecken und taste mich zu meinem Bett zurück. Der Stuhl fällt um.

Früher kannte ich mich im Zimmer aus, jetzt stoße ich überall an.

Blind – ganz junge Katzen sind blind, oder Fledermäuse. Uralte Menschen, die werden manchmal blind. Aber ich bin doch jung, sechzehn!

Schwester Beate liest mir den Brief von Mutti vor. Die Hälfte kann ich nicht verstehen, weil ich dauernd heulen muß.

Natürlich schreibt sie auch, ich soll tapfer sein. Aber sie schreibt es lieb. Sie schreibt, daß sie nicht schlafen konnte, daß sie alles versucht hat. Sie wollte mir ein Auge geben. Die Hornhaut. Aber in meinem Fall hätte es nichts geholfen. Unheilbar. Sie schreibt, daß sie gern an meiner Stelle blind wäre. Und daß es für sie leichter wäre, als mich . . . Ich weine so, daß Schwester Beate es nicht merkt. Sie liest weiter. Ich möchte heim und habe auch wieder Angst davor. Mutti schreibt von Andreas, der aufs Technikum geht, und Mick und Martin, die sich alle auf mich freuen. Das alte Röschen und Onkel Friedrich, alle warten auf mich. Und sie schreibt, daß ich auch so vieles in meinem Leben haben werde, die Musik.

Schwester Beate hört auf zu lesen. Ich merke plötzlich, daß sie selber weint. Wir heulen beide um die Wette, aber es ist nicht schlimm. Ich mag sie, wirklich.

Ich kann mit ihr sprechen. Ich kann ihr sagen, daß ich so gräßliche Angst vor Zuhause habe, vor dem neuen Haus und den Brüdern, die so ganz anders sein müssen inzwischen, und vor der fremden Stadt und den Leuten. Alles ist fremd. Nur auf Mutti freue ich mich.

Ich kann ihr auch erzählen, daß ich gern Pianistin werden wollte. Sie sagt, das kann ich auch, wenn ich blind bin. Ich weiß nicht, ob das stimmt. Ich kann doch keine Noten lesen, und wenn ich mit anderen zusammenspiele . . . Nein, das geht einfach nicht. Ich weine schon wieder.

Von Liebe kann ich nicht mit ihr sprechen. Ich trau' mich nicht. Aber ich denke dran, und ich träume. Manchmal wache ich auf, und dann stimmt alles nicht. Ich bin gar nicht blind. Ich hab' das nur geträumt. Es war ein Alptraum, jetzt bin ich wach. Ich bin mit den anderen zusammen. Wir liegen am Strand, oder wir radeln, oder wir hören Platten. Ich bin wie sie. Sie mögen mich, und ich mag sie. Ich träume davon, erwachsen zu sein. Alles riecht nach Veilchen. Ich wache wirklich auf, weil die Tür geklappert hat.

»Hallo Ilse, ich bin's.«

Die Frau vom Professor. Ich setze mich auf.

»Hallo, Frau Hanslin.«

Sie setzt sich neben mich auf das Bett. Ich fühle ihre Hand auf meinem Kopf.

»Du fährst morgen heim.«

Ich schüttle nur den Kopf.

»Freust du dich nicht?«

»Ich weiß es nicht. Hier kenne ich doch alle.«

»Du wirst es schon schaffen. Heute abend großes Abschiedsessen bei uns drüben. Einverstanden?«

»Klar, danke.«

Sie legt etwas Weiches über meine Hände.

»Fühl mal.«

»Stoff?«

»Ich habe dir ein Kleid genäht. Rubinrot mit weißen Kanten und einem tiefen Gürtel.«

»Toll!«

»Komm, wir probieren es gleich an.«

Sie hilft mir, und plötzlich kann ich mich wieder in dem Zimmer bewegen. Ich finde alles, frische Wäsche, die Schuhe, den Kamm, kein Problem. Das Kleid paßt genau. Der Stoff ist glatt und fest. Der Rock steht ein bißchen ab. »Das muß sofort ausgeführt werden. Wir machen einen Rundgang, im Park, auf der Straße!«

Ich habe Angst, aber ich will es nicht zeigen.
»Fein«, sage ich lässig.
An der Tür hält sie mich fest.
»Ich habe noch etwas für dich.« Etwas schiebt sich über
mein Gesicht, hakt hinter den Ohren.
»Eine Brille?«
»Es ist eine Sonnenbrille. Du wirst sie jetzt tragen.«
Zuerst verstehe ich es nicht. Meine Finger tasten über den
abgerundeten Rand von den Bügeln zur Mitte, über die
Nase nach unten.
»Immer?« frage ich leise.
Einen Augenblick lang denke ich, sie hat mich nicht gehört.
Aber dann antwortet sie leise: »Es ist besser so.«
Ich drehe den Kopf in die Richtung, aus der ihre Stimme
kommt.
»Ist es, weil . . .« Ich schlucke. »Weil meine Augen so häß-
lich sind? Tote Augen?«
Sie legt mir den Arm um die Schulter.
»Ilse, es wird für dich leichter sein mit der Brille.« Sie
macht eine kleine Pause. »Du willst doch kein Mitleid.«
Mitleid. Ich bin jemand, mit dem man Mitleid haben
kann. Nein, das nicht. Nur das nicht. Ich werde die Brille
ganz bestimmt tragen.

Kennzeichen: rotes Seidentuch

Der Kerl stinkt abscheulich. Der muß ja geradezu in
Pomade gebadet haben. Dazu lutscht er unentwegt Hu-
stenbonbons. Das ist vielleicht eine Mischung! Eukalyp-
tuspomade.
Ich sitze am Fenster – damit ich besser sehen kann –, die
Sonnenbrille täuscht ja doch keinen. Auf dem Bahnhof
habe ich eine Frau gehört: »Ach, das arme Mädchen. Die
ist wohl blind.«
Aber ich höre, wenn wir in einen Bahnhof einfahren, oder
ob das Land neben dem Zug flach ist oder wellig oder ob
Telegrafenmasten vorbeiflitzen. Fffft – fffft – fffft. Neben
mir sitzt Schwester Beate, gegenüber der Pomadenkerl.
Angst.

Straßen, Autos, Lärm, Menschen. Das ist grauenhaft. Der Bahnhof war besonders scheußlich. Beate mußte die Karten kaufen, sie hat mich allein gelassen. Ich rolle mich fester in meinen Mantel. Sollen sie denken, daß ich schlafe.

Ich schlafe wirklich. Ich träume, daß ich schlafe. Ich bin wieder in der Klinik. Ich sitze in der Wohnung vom Professor.

Das Wohnzimmer ist riesengroß. Ich kann es spüren, ob ein Zimmer groß oder klein ist. Ich merke es irgendwie an der Luft, oder ich höre es an den Schritten, die die Menschen machen. Es stimmt fast immer. Auf dem Boden liegen weiche Teppiche, nicht Linoleum oder Stein wie in der Klinik. Es fühlt sich unter den Sohlen an wie Samt oder Gras. Es war ein richtig feierliches Abendessen. Braten, Wein und Zitronenkrem gab es und vorher einen Aperitif, halb süß und halb bitter. Beate hat mir das Fleisch geschnitten, aber sonst habe ich alles allein gemacht.

Dann hat er gespielt, Mozart und Schumann. Seine Frau hat gesungen, und dann habe ich gespielt. Es hat natürlich überhaupt nicht geklappt, aber der Professor sagt, daß ich begabt bin, sehr begabt. Das haben sie in der Schule auch gesagt. Aber der Professor meint, daß ich doch Pianistin werden kann. Er hat mir eine Menge erzählt, von anderen Leuten, die er operiert hat, die erst als Erwachsene blind geworden sind und die es schwerer hatten als ich.

Schwerer — was heißt denn schwerer? Ich wünschte nur, ich wäre schon alt, uralt. Dann hätte ich alles schon gesehen, was es zu sehen gibt.

Eine Frau kommt in unser Abteil, nein, zwei Frauen. Alte Frauen mit Großmutterstimmen. Sie schnattern aufgeregt hin und her. Irgend etwas wird ins Gepäcknetz über meinem Kopf gepackt. Der Pomadenkerl wickelt einen neuen Bonbon aus. Die Frauen scheinen endlich zu sitzen. Irgend etwas klimpert. Armbänder? Jetzt mischt sich noch Lavendelparfüm in den Eukalyptuspomadengeruch. Daß sie daran nicht ersticken!

Vielleicht riechen die das gar nicht? Nur ich — rieche ich mehr als die anderen? Höre ich mehr? Fühle ich mehr? Der Professor hat so etwas gesagt beim Abschied. Ich habe nicht richtig hingehört. Etwas von »intensiver empfinden« oder so. Es war ein Durcheinander. Alle sind bis zum Tor gekommen. Nur Susie nicht. Sie hat geweint. Die ganze Zeit, als sie Schmerzen hatte, da hat sie nicht geweint, aber als ich entlassen wurde, da... Ich fange auch gleich wieder an.

Jemand raschelt mit Papier. Ich kann nicht feststellen, wer das ist. Der Pomadige? Die zwei Alten? Da muß noch jemand im Abteil sein. Das ist unheimlich. Ich würde gern fragen, aber ich kann nicht.

Blind – blind – blind, hämmern die Räder.

Etwas Rundes schiebt sich in meine Hand, ein Apfel.

»Mach nicht so ein Gesicht, Ilse.«

Wir essen beide, Beate und ich. Die Fahrt dauert schon Stunden. Bis kurz vor Warenburg kommt Beate mit. Sie macht Urlaub und trifft sich mit ihren Eltern, um in die Berge zu fahren. Ich kann mir gar nicht vorstellen, daß Schwester Beate Eltern hat, daß sie jung ist und einen Pulli mit Rock anhat. Sie freut sich auf ihre Ferien.

Sie erzählt von den Bergen, von Salzburg, der Festung und dem Dom und von ihrer Schwester. Ein Jahr lang war sie nicht mehr daheim. Ich versuche zu lachen, um ihr nicht die Stimmung zu verderben.

Sie erzählt, wie sie zum erstenmal in den Alpen gewesen ist.

»Ich bin damals gleich allein losgezogen über die Wiesen, und plötzlich kamen mir drei Kühe entgegen, dicke, fette Kühe mit krummen Hörnern. Ich glaubte ganz sicher, daß es wütende Bullen waren, die es auf mein rotes Dirndl abgesehen hatten. So bin ich in meinem ganzen Leben noch nicht gerannt.«

Jetzt lache ich wirklich. Wir teilen uns noch eine Apfelsine. Wir essen und lachen – bis mir einfällt, daß ich noch nie im Gebirge war, daß ich es nie sehen werde, niemals. Und das Meer – wie sieht das Meer aus? So wie in meinen Träumen? Wie ein riesiger blauer Baggersee? Und ist der Sand wirklich goldgelb wie Vanillepudding?

Ich putze mir die Nase, lang und ausgiebig. Das ist doch Irrsinn, wieviel Wasser man so in sich hat.

Der Zug fährt langsamer.

Ein schrilles Pfeifen. Beate springt auf.

»Meine Güte! Das Tuch!«

Sie wühlt in unseren Sachen herum. Rotes Seidentuch, das ist das Kennzeichen für Andreas. Er wartet auf mich, um mich nach Warenburg mitzunehmen. Beate fährt weiter.

»Es ist nicht da!« Sie wird immer aufgeregter. Der Zug fährt schon ganz langsam. Und wenn sie es nicht findet? Dann erkennt uns Andreas nicht. Der Zug hat nur ein paar Minuten Aufenthalt. Ich fahre mit Beate mit. Ganz einfach.

»Da ist es ja! Ach du liebe Zeit!«

Das Fenster wird heruntergekurbelt: Stimmen, Durcheinander, Gedränge.

Beate steht am Fenster. Rotes Seidentuch. Andreas ist ein Fremder für mich. Angst.

»Hallo! Hallo!« Wieder Stimmen. Koffer, mein Mantel. Wir gehen hinaus, viel zu schnell.

»Wenn das mein Bruder wäre.« Beate lacht. »Gut schaut er aus.«

Die Stufen sind hoch. Jemand packt mich und hebt mich runter; ein Mann, groß, stark, ein Mann.

»Ille, fein, daß du wieder da bist!«

Eine Männerhand; aus meinem Bruder Andreas ist ein Mann geworden.

Ankunft

Wir hocken nebeneinander auf meinem Koffer. Der Zug nach Warenburg kommt erst in zwanzig Minuten. Es ist warm, und es riecht nach Öl und Staub.

»Kannst du denn so sitzen, Ille?«

»Ja.«

»Wir könnten auch zu den Bänken hinübergehen, aber da ist keine Sonne.«

»Ja.«

»Bist du sehr müde?«

»Nein.«

»Mutter wollte dich natürlich selbst abholen, aber sie hat Schule; auch noch Lehrerkonferenz. Wenn wir nach Hause kommen, dann wird sie da sein.«

»Ja.«

Ja und nein. Mehr sage ich nicht. Ob er auch Angst gehabt hat? Er hat eine blinde Schwester.

»Andi, du . . . Du brauchst mich nicht zu trösten oder so. Es ist . . . Es ist gar nicht besonders schlimm.«

»Ille«, seine Stimme ist anders als vorhin, »es ist gut, daß du wieder da bist. Wir werden dir helfen. Wir wollen es, alle.«

»Ich hab' einen Mordsbammel gehabt, vor der Stadt und den Leuten, vor dem neuen Haus und den Zwillingen, und vor dir auch.«

Plötzlich gibt der Koffer unter uns nach. Ein Knacken und Ächzen, und wir sitzen beide auf dem Bahnsteig.

Wir lachen, bis wir kaum noch Luft bekommen. Andreas hilft mir hoch und drückt den Koffer wieder in seine alte Form.

»Jetzt sieht er aus wie ein mißglückter Hefekuchen.«

Ich pruste sofort wieder los. Wir gehen über den Bahnsteig zu den Bänken, und vor lauter Lachen merke ich kaum, daß ich fast genauso schnell gehe wie ein normaler Mensch.

»Du bist der geborene Blindenführer«, sage ich. Das Wort war dumm. Wir schweigen. Aber es dauert nicht lang.

Er erzählt, ich frage. Wir können miteinander reden. Wir kennen uns genau, so als ob ich überhaupt nicht weggewesen wäre, und dann ist doch wieder alles anders. Wir haben uns verändert und müssen uns erst kennenlernen.

»Früher warst du ein reichlich ruppiger Bruder.«

»Und du eine ungeheuer lästige Schwester, die alles besser wußte.«

»Wir sind uns ganz schön in die Wolle geraten.«

Er lacht.

»Da solltest du erst mal die Zwillinge erleben. Gegen die beiden waren wir sanftmütige Lämmer.«

»Wie sind sie?«

»Laut und frech, lang, dünn und rüpelhaft, intelligent und stinkfaul, mit einem Wort, nette Jungen.«

»Klingt wie ›stolzer Vater‹.«

»Auf dich freuen sie sich jedenfalls. Sie machen unermüdlich Pläne, was sie dir zuerst zeigen und vorführen wollen.«

Ich rede hastig darüber weg.

»Und Mutti, wie geht's ihr?«

»Ganz gut eigentlich. Seit sie Lehrerin ist, wird vielleicht manchmal alles ein bißchen viel für sie. Du weißt ja, sie mußte ein Examen machen, um unterrichten zu können. Komisch, wenn eine Mutter eine Prüfung macht. Sie war ganz gelassen, aber Röschen und die Zwillinge spielten leicht verrückt. Natürlich ging alles glatt, und wir waren mächtig stolz auf sie.«

»Und Röschen – immer noch die Alte?«

Röschen war schon bei Muttis Eltern; klein und zierlich mit schwarzem Kleid, weißem Kragen, weißer Schürze und einem weißen Haarknoten.

»Natürlich. Oder kannst du dir unsere Familie ohne Röschen vorstellen?«

Ausgerechnet jetzt fällt mir Schwester Beate wieder ein. Ich höre noch ihre Stimme, als der Zug schon anfuhr.

»Alles, alles Gute, leb wohl!«

Seit sie in der Augenklinik arbeitet, sagt sie nicht mehr »Auf Wiedersehen.«

»Du, Andi?«

»Ja?«

Unser Zug kommt. Wir steigen ein. Wir fahren wieder.

»Ja?«

»Ach, nichts.«

»Du wolltest mich doch etwas fragen.«

Ich kann nicht. Ich wollte ihn fragen: Wie sehe ich aus? Es geht nicht.

»Ach, nur allgemein. Erzähl mir von Warenburg.«

»Das muß Mick machen, er hat eine Eins in Heimatkunde.«

»Versuch es wenigstens.«

»Unser Häuschen ist – na, ein Häuschen eben. Mit einem Garten drum herum. Und die Stadt? Fünf Kirchen, ein Rathaus, ein Schlößchen, Belvedere, vor zweihundert Jahren von irgendeinem Rokokoprinz gebaut, mit riesigem Park. Na, du wirst es ja bald selber ...« Er stockt.

»Erleben.«

»Sehen«, wollte er sagen. Sehen.

Wir sind still.

Der Zug fährt wieder langsamer. Er hält.

Bahnhof: Stimmen, Menschen, irgendeine Glocke, Rattern. Die Stimme von Andreas kenne ich schon. Er bleibt dicht neben mir.

»Komm nur, ganz langsam. Keine Angst. Dort drüben, ich meine, rechts von uns ist die Sperre. Da sind sie ja schon, die zwei.«

»Hallo, Ille!«

»Tag!«

Mick hakt sich rechts von mir ein, Martin links; oder umgekehrt? Wer ist Mick, wer ist Martin? Fremde konnten sie nie auseinanderhalten. Sie sahen gleich aus. Blondes Borstenhaar, braune Augen, genau gleich groß.

»Ihr seid ja fast so groß wie ich.«

»Das ist Heinz. Kolbe mit Namen, Andis Freund. Er hat das Auto von seinem alten Herrn und fährt uns.«

Hat das Mick gesagt oder Martin?

Eine neue Stimme sagt: »Guten Tag, ich freue mich...«

Ich halte eine Hand.

Heinz Kolbe. Wer ist das? Wie sieht er aus? Ich würde gern mit den Fingern über sein Gesicht tasten. Starrt er mich an?

»Hurra, hurra, hurra! Ille ist wieder da!«

Mick oder Martin? Wenn ich sehen könnte, dann wäre es einfach. Martin hat über dem linken Auge eine winzige Narbe.

Wir sitzen in einem Auto, Andreas vorn neben Heinz. Ich sitze hinten, zwischen Mick und Martin.

Sie reden ohne Unterbrechung.

»Jetzt fahren wir über die Lange Brücke, unter uns die Warau. Nennt sich Fluß, ist aber'n besserer Bach. Rathausplatz, Nikolaikirche, über siebenhundert Jahre alt, und...«

»Da drüben ist die Zoohandlung. Heute morgen hatten die ganz junge Goldhamster...«

Ich kann sie unterscheiden.

Die Stimme von Mick ist ein kleines bißchen rauher als die von Martin. Ich werde sie nicht mehr verwechseln.

»Könnt ihr nicht mal zwei Sekunden ruhig sein?« Andreas schnauft, die Zwillinge kichern.

Heinz sagt gar nichts.

Ich mag ihn nicht. – Das ist völlig albern, ich weiß. Vermutlich ist er eben ein schweigsamer Knabe. Er kann mich im Rückspiegel sehen, oder wenn er sich umdreht. Ich weiß nur, daß er vor mir sitzt. Wenn er nicht spricht, dann ist es, als ob er gar nicht da wäre. Aber er ist da.

»Da vorn ist unser Haus.«

Ich denke nicht mehr an Heinz, den Schweigsamen.

Wie wird es mit Mutti sein? Wie ist das, wenn man ein blindes Kind hat? Eine blinde Tochter?

Der Wagen hält. Die Jungen bugsieren mich hinaus. Jeman umarmt mich.

»Mein kleines Kerlchen, endlich!«

Die Angst ist verschwunden.

Wir gehen zusammen durch den Garten, Mutti auf der einen Seite, die Zwillinge auf der anderen.

»Ich bin so froh, daß du wieder da bist. Das wird unser schönster Sommer.«

Es riecht nach frisch umgegrabener Erde, nach Bäumen, Laub und Frühlingsblumen.

»Vorsicht, Ille, zwei Stufen hinauf!« Mick hält meinen Arm fest.

»In drei Tagen hast du das alles gelernt. Dann kennst du das Haus, als ob du nie woanders gewesen wärst.«

»Jetzt sind wir im Vorraum. Diese Tür führt in die Küche. Da sind wir, Röschen.«

Ich werde wieder umarmt, geküßt. Röschens Hände sind rauh wie Reibeisen.

»Mein Gott, bist du dünn! Na, wir werden dich schon wieder aufpäppeln.«

Ihre Stimme schwankt, mir steigt ein Kloß in den Hals. Aber Mick hat keinen Sinn für Rührung.

»Los, komm, Ille, ich zeig' dir dein Zimmer. Hier gleich die nächste Tür. War bis jetzt Muttis Zimmer, aber jetzt bekommst du es, damit du nicht so viele Treppen steigen mußt. Da steht ein Sessel!« Mit einem kräftigen Schubs werde ich in einen tiefen Sessel gesetzt.

»Links ist das Bett, daneben ein Stuhl, am Fenster ist noch ein Stuhl. Rechts ist der Kleiderschrank, daneben, in der Ecke, eine Kommode. Die Tapeten sind gelb, die Vorhänge rot, blau, grün und gelb gewürfelt. Nigelnagelneu für dich! Hier ist ein Tisch, fühl mal, zwei Schubladen. Und das! Weißt du, was das ist?«

Mutti steht neben mir. Sie streicht meine Mauseborsten zurück und läßt ihre Hand auf meiner Schulter liegen.

»Ein Radio. Nur für dich allein. Paß auf, dieser kleine Schalter ist zum Einschalten, spürst du ihn?«

»Nun laßt Ilse doch erst mal verschnaufen!« sagt Mutti.

Martin und Andreas sind jetzt auch im Zimmer.

»Wir haben ja noch Ferien. Wir werden dir schon alles zeigen, morgen.«

»Die arme Ilse!« Röschen steht an der Tür. »Kommt essen, sicher ist sie halb verhungert!«

»Ich auch!« brüllt Martin.

»Heute mittag gab's nur Reste«, erklärt Mick.

Sie nehmen mich in die Mitte und führen mich ins Eßzimmer. Ich kann mir den Weg nicht merken. Ich versuche es gar nicht erst.

Der Tisch ist rund.

Ich sitze zwischen Mick und Martin. Gegenüber Mutti und Andreas und auf der Seite Röschen. Dort muß eine Tür sein.

Nicht nachdenken! Ich bin da.

Es gibt Steaks, Pommes frites, Salat und Wein, das reinste Festessen. Martin schneidet das Fleisch, Mick häuft immer neue Mengen auf meinen Teller und gießt Wein nach.

»Hier ist mein Glas, Vorsicht!«

Wir stoßen an.

»Die Gläser sind grün.«

»Zerbrich sie nur nicht, Mick.«

»Nee, den Salat wollte ich noch haben.«

Mick redet. Martin redet. Andreas erzählt. Röschen fragt etwas. Mutti antwortet. Und ich habe seit Ewigkeiten nicht mehr so viel gesprochen.

Ich bin da.

Wir sitzen im Wohnzimmer. Mutti hat es mir beschrieben. Ich habe es wieder vergessen. Das hat Zeit. Der Sessel ist weich. Im Garten gießen die Jungen die Blumen.

Mutti erzählt: von der Schule, den anderen Lehrern, von Warenburg und dem Häuschen, von Onkel Friedrich und von den Jungen.

Andreas hat drei Jahre als Mechaniker gelernt, Prüfung als Facharbeiter und jetzt Technikum.

»Er fährt jeden Morgen mit dem Zug hin, und abends kommt er zurück. Natürlich ist das aufreibend ...«

»Halb so wild.« Andreas setzt sich zu uns. Ich habe mich doch noch nicht an die tiefe Stimme gewöhnt. Er raucht.

»Es stört dich doch nicht, Ille, oder?«

Dann erzählen beide von den Zwillingen. Im selben Moment kommen sie herein.

»Gute Nacht, Mutti.«

»Nacht, Ille.«

»Und vergiß nicht, wir sind deine Flaschengeister. Anruf genügt.«

»Endlich, die sind wir los.« Andreas steht auf und geht im Zimmer herum.

»Schlafen sie etwa schon?« frage ich.

»Keine Spur. Sind Leseratten, die schmökern die halbe Nacht durch; heimlich natürlich.«

Lesen. Ich hatte fast vergessen, daß ich – blind bin.

»Denk nicht soviel nach, Ille.« Mutti bringt mich in mein Zimmer.

Die Decke ist weich und leicht. Die Laken kühl und glatt. In der Klinik waren sie rauh wie Säcke. Es ist still.

Durch das offene Fenster kommt der Geruch von Erde und Nacht. Keine Medikamente, kein Chlor, kein Bohnerwachs. Mutti sitzt an meinem Bett. Ihre Hand liegt leicht über meinen Augen. Wir sprechen.

Ich bin ruhig. Es ist dunkel, aber es ist die Dunkelheit der Nacht. Ich bin nicht allein.

Ich erzähle von der Klinik, von Schwester Beate, vom Professor und von den anderen Kindern. Mutti erzählt von Warenburg, von Onkel Frick, von ihrer Schule, ernste Dinge, komische Dinge, Alltägliches. Wir sind zusammen. Es muß sehr spät sein, als sie aufsteht.

»Ich lasse die Tür offen. Wenn du etwas brauchst, dann rufst du, ja?«

»Wo schläfst du?«

»Die nächsten Tage über im Wohnzimmer.«

Wir schweigen.

Über uns sind die Schritte von Andreas.

»Mutti?«

»Hm?«

»Wie sehe ich aus?«

Endlich habe ich es gesagt. Ich merke, daß sie mich ansieht. Brennt Licht? Ist es dunkel?

»Warum sagst du nichts?«

»Ich versuche objektiv zu sein. Du hast dich verändert. Du bist gewachsen, und dein rundes Kindergesicht ist weg. Du hast jetzt dunkleres Haar, fast dunkelbraun, das Gesicht ist schmal und – und sieht gut aus.«

»Aber?«

»Aber ich bin deine Mutter. Es ist ja selbstverständlich, daß ich dich hübsch finde. Also versuche ich, dich mit den Augen eines Fremden zu sehen.«
»Und?«
Sie lacht. »Mit dem gleichen Ergebnis.«

Rund ist keine Farbe

Omas stricken.
Seit eh und je stricken sie. Strickstrumpfomas mit weißen Haarknoten und schwarzen Kleidern, mit Gicht und Rheuma und vielen Runzeln im Gesicht und mit einer Granatbrosche am Kragen. Sie sitzen in Schaukelstühlen oder Ohrensesseln, möglichst am Ofen oder in der warmen Sonne vor dem Haus, und stricken. Drei Tage bin ich jetzt schon hier, 72 Stunden: Die Hälfte davon verschlafen, die Hälfte verstrickt.
Ich sitze im Garten. Der Garten ist fremd, aber die Ecke hier kenne ich. Hier bin ich sicher: im Bett und hier. Es ist eine kleine Holzbank unter einem Kirschbaum.
Kirschbäume haben eine rauhe und rissige Rinde mit klebrigen Harztröpfchen. Apfelbäume sind glatt. Jeder Baum hat eine andere Rinde. Martin hat mir den Garten gezeigt. Ich habe die Bäume abgetastet: den Apfelbaum, den Kirschbaum, den Rotdorn und den Nußbaum am Zaun zum Nachbargarten.
»Mann, das habe ich gar nicht gewußt«, sagt Martin. »Jeder Baum fühlt sich anders an.«
Ich habe es auch nicht gewußt, vorher.
Die ersten drei Tage: Im Haus stoße ich überall an. Meine Beine sind voller blauer Flecken. Die anderen sagen nichts. Sie trösten mich, sie helfen mir. Am liebsten liege ich im Bett.
»Ille, kommst du mit?«
»Nein.«
»Ich will für die Zwillinge neue Schuhe kaufen. Du müßtest auch ein Paar haben.«
»Nein!«
Ich sitze in der Küche und schäle Kartoffeln. In der Zeit

hätte Röschen das viermal gemacht. Mit den Fingerspitzen taste ich über die Kartoffel. Ich kann fühlen, ob noch Schale dran ist. Weg damit! Es geht auch die halbe Kartoffel mit.

Ich stehe auf und stolpere über die Schüssel. Scherben, Überschwemmung.

»Ille, du konntest doch immer prima stricken!«

Ja. Ich habe auch im Krankenhaus gestrickt. Dazu braucht man keine Augen.

Mutti zeigt mir einen Pullover für Mick, den sie schon lange angefangen und nie fertig bekommen hat. Sie sagt mir, wie er werden soll, und ich stricke.

Irgendwo hinter mir in der Hecke muß ein Weißdornbusch blühen. Der ganze Garten ist voll von dem strengen und fauligen Geruch. Rechts neben meiner Bank ist ein Tulpenbeet. Wenn ich die Hand ausstrecke, kann ich die dicken, festen Stengel spüren und drüber die Blüten: glatt und fest und rund.

Sind sie rot oder gelb oder weiß?

Sie riechen wie Tulpen, sie sind rund wie Tulpen. Aber eine Farbe haben sie nicht.

Die Wolle, mit der ich stricke, ist leuchtend rot; feuerwehrrot. Sie haben es mir gesagt, Mutti und Mick.

Zuerst habe ich mich gefreut. Ich stricke gern. Es ist etwas, was ich kann. Aber immer nur stricken! Ich sitze in der Sonne vor dem Haus wie eine Oma und stricke und stricke und . . .

»He, du bist wohl verrückt geworden!« Mick brüllt. Martin schreit noch lauter.

»Gib sie her! Das ist nicht deine Pumpe.«

»Es ist . . .« Sie stocken. Sie haben mich gesehen. Ich höre ihre Schritte, dann sind sie neben mir.

»Ille!«

»Kommst du mit?«

»Spazieren?«

»In die Stadt.«

Die Zwillinge sind immer da. Sie streiten und vertragen sich in einem Atemzug. Wenn sie dabei sind, fühle ich mich sicher. Sie warten keine Antwort ab. Vier Hände packen mich, ziehen mich hoch. Ihre Stimmen verraten, daß sie vorsichtig sein wollen.

»Gib mir das Strickzeug, ich pack's weg.«

»Achtung, ein Stein!«

»Jetzt macht der Weg eine Biegung. Fühl mal da, die Hausecke.«

»Wartet auf mich!« Martin rennt ins Haus und kommt wieder.

»Hier, Ille, deine Jacke, Mutter sagt, du sollst sie anziehen.« Mutter, sagen sie. Sie finden, daß es männlicher klingt. Ich ziehe die Jacke an und habe keine Zeit, Angst zu bekommen.

Das Gartentor quietscht.

»Wir brauchen erst um sieben zu Hause sein.«

»Wer brauchen nicht mit zu gebraucht...« sage ich.

»Braucht brauchen überhaupt nicht zu gebrauchen«, leiert Martin. Mick stöhnt: »Sind doch Ferien. Überhaupt sollte man die Sprache mal überholen. Für wen ist eigentlich der rote Pulli?«

»Für dich. Martin bekommt auch einen. Jeder Flaschengeist einen.«

»Das ist doch nicht nötig«, wehrt Martin ab, »aber wenn, dann hätte ich lieber einen blauen.«

»Du kannst dir die Wolle ja selbst aussuchen.«

»Mach' ich. Das ist ganz toll, wie du das fertigkriegst; so ohne hinzusehen!«

Sie haben sich auf beiden Seiten bei mir eingehakt.

»Vorsicht Stufe!« ein kurzer Druck auf meinen Arm. Sie zwingen mir ihr Tempo auf. Es ist gut. Ich gehe schnell, wie ein normaler Mensch.

Wenn ich allein bin, taste ich mit ausgestreckten Armen durch die Welt – Zwergenwelt.

»Da vorn sind zwei Terrier!«

»Quatsch, das sind Rauhaardackel!«

Sie streiten sich, sie vertragen sich. Sie reden unentwegt über alles, was sie sehen: Straßen, Häuser, Geschäfte, Menschen und Tiere. Ich sehe mit ihren Stimmen.

»Jetzt kommen wir über den Marktplatz. Rundherum sind alte Häuser, renoviert in allen Farben, in der Mitte die Nikolaikirche, uralt. Da gehen wir ein anderes Mal rein, wenn Onkel Friedrich spielt.«

Onkel Friedrich ist ein Vetter von Vater. Er ist Musiklehrer, und durch ihn ist Mutti hier an die Schule von Warenburg gekommen. Er spielt Orgel und Klavier. Ich werde bei ihm Stunden nehmen.

»Der Kirchturm ist 76 Meter hoch. Ich hab's vorher im Fremdenführer nachgelesen. Keine Angst, stimmt alles.«
Ich bewundere Mick ausgiebig.
»Später studiere ich mal Geschichte«, sagte er lässig, »oder Erdkunde!«
»Ich dachte, du willst Kapitän werden«, sagte Martin.
»Davon verstehst du nichts. Die Mauern der Kirche sind dunkelrot. So große Ziegelsteine gibt's heute gar nicht mehr. Stammen aus dem Mittelalter. Klosterformat nennt man die.«
Ich spüre, daß Martin nach einer Seite hin nickt. Mick redet weiter.
»Der Turm darüber ist hellgrün mit grünem Kupferdach. Andreas sagt, daß Kupfer von der Luft grün wird.«
Dunkelrote Kirche, hellgrüner Turm und blauer Himmel, rundherum die pastellfarbenen Häuser. Ich kann es mir vorstellen.
»Was ist das Gurren? Sind das Tauben?«
»Erraten. Der Bürgermeister will sie wegschaffen. Der Tierschutzverein will sie behalten. Der Streit dauert schon ewig, und inzwischen werden es immer mehr!« Mick kichert. Martin gibt ihm hinter meinem Rücken einen Schubs.
»Jetzt halt doch mal die Luft an und laß mich! Riech mal, Ilse, riechst du hier was?«
»Ja. Hier riecht es wie in der Klinik. Stinkt, wollte ich sagen.«
»Genau. Die Apotheke. Aber ich mag den Geruch. Und sie sieht auch lustig aus, mit rund gebogenen Fenstern, durch die man nicht hineinschauen kann, und mit bunten Blumenkästen davor. ›Königliche Hofapotheke 1777.‹ Mittwoch und Samstag ist hier immer Markt, dann kauft Röschen morgens ein und stellt die vollen Taschen in der Apotheke unter. Wir starken Männer nehmen sie dann nach der Schule mit heim.«
»Bis auf die Eier«, sagte Mick. »Die nimmt sie lieber selber.«
»Komm jetzt rüber, zur nackten Dame!«
Sie ziehen mich weiter. Über holpriges Kopfsteinpflaster, unter Bäumen hindurch. »Kastanien«, sagt Martin. Wenn ich außer ihren Stimmen keine anderen Geräusche höre, bin ich ruhig. Aber dann kommen Stimmen, eine Fahr-

radklingel, die quietschenden Bremsen eines Autos und immer wieder Stimmen, fremde Stimmen; nah bei uns, weiter weg.

Martin muß etwas gemerkt haben.

»Kein Mensch schaut her!« sagt er.

»Klar schaun sie«, sagt Mick, »Ille ist doch ein steiler Zahn.«

»Quatch, so mein' ich das doch nicht!«

»Muß nur immer mit uns rumlaufen, sonst wird sie dick!«

Ich lache.

»Erzählt mir lieber von der nackten Dame. Wo ist die?«

»Hier. Wir stehen direkt vor dem Rathaus. Und oben auf dem Dach steht sie. Aber ganz nackt ist sie gar nicht. Ziemlich viel Taubenmist.«

»Was für eine Dame?«

»Eine steinerne. Sie hat eine Waage in der Hand. So'n altmodisches Ding.«

»Diese Dame heißt Justitia. Sie ist ein Symbol für Gerechtigkeit«, sage ich. Ich kann spüren, wie sie mich ansehen. Mick ist der erste, der seine Stimme wiederfindet.

»Donnerkeil!«

Martin nickt wieder.

»War die Frau vom Mathelehrer«, flüstert er. »Wir bleiben aber nicht stehen. Sicher magst du die nicht sehen.«

Sehen.

Sehen würde ich sie gern. Aber nicht hören. Nicht nur die Stimme hören, die mir nicht verrät, ob sie lacht oder ernst schaut, ob sie bös ist oder höflich oder wirklich nett, oder jung oder alt oder traurig oder sonstwas.

Neben uns bremst ein Auto.

Ich merke, daß Mick stehenbleibt, während Martin mich weiterziehen will.

»Hallo«, sagt eine Mädchenstimme. Eine Autotür klappt. Schritte. »Guten Tag, ich habe schon von Ihnen gehört.«

Ich grinse blöd in die Dunkelheit um mich herum und strecke meine Hand aus. Sie wird geschüttelt.

»Ich bin Hanne Kolbe.«

Kolbe? Woher kenne ich den Namen? Martin hilft mir.

»Die Schwester von Heinz. Er sitzt noch im Auto.«

»Hallo!« ruft eine Stimme.

Der Schweigsame. Ich ziehe meine Hand zurück.

Hanne lacht laut und hoch.

»Ich wollte nur fragen, ob wir euch irgendwohin bringen können; mit dem Auto, meine ich!«

»Nein!« sagen die Zwillinge und ich genau gleichzeitig. Hanne lacht wieder. Klingt wie eine Kuhglocke.

»Na ja, dann... Ich meine... Dann sausen wir mal wieder.« Sie saust nicht. Sie steht immer noch da und lacht ihr Kuhglockenlachen.

»Unsere Brüder, ich meine, Andreas und Heinz, die sind ja dicke Freunde.« Pause. »Ich darf doch ›du‹ sagen, oder?« Wieder Lachen.

Und plötzlich hab' ich's begriffen. Sie ist verlegen, einfach verlegen. Deshalb kichert sie so laut.

»Klar«, sage ich. »Seh' ich aus wie eine Oma?«

Sie lacht. Diesmal klingt es viel netter.

»Weißt du, ich hab' mich gefreut auf dich. Ich meine, was unsere Brüder können, das können wir doch auch, oder?«

Ich nicke.

Sie packt wieder meine Hand und schüttelt sie.

»Ich besuch' dich mal!«

Jetzt ist sie wirklich weg. Wir gehen weiter.

»Wie ist sie?« frage ich.

»Na ja«, sagt Mick. Martin wird deutlicher.

»Bißchen pummelig, mit Sommersprossen, Schneiderlehrling oder so was.«

Du meine Zeit. Jetzt wollen sie mir zart beibringen, daß ich besser aussehe. Wie soll man bloß aus höflichen Menschen die Wahrheit herausbekommen.

»Und wie ist sie sonst?«

»Na ja«, sagt Mick wieder, »wie Mädchen eben!«

Sehr aufschlußreich. Wir gehen weiter. Mick hat das Thema Hanne verlassen und läßt sich ausführlich über unsere Umgebung aus.

»Wir kommen jetzt gleich in den Park. Jetzt, jetzt gehen wir durch das Tor. Auf beiden Seiten hohe Säulen, die Türen aus Schmiedeeisen, so hoch, daß man nicht rüberklettern kann.«

»Nachts ist es zu«, sagt Martin. »Aber über die Mauer kommt man trotzdem rüber. Fast hat uns mal der Parkwächter erwischt. Ich hab' mir den Fuß verstaucht, auf der Flucht!«

»Auf der Flucht« spricht er aus wie einen Buchtitel. Ich gehe langsamer, und sie passen sich meinem Tempo an.

Es riecht nach frischem Laub und feuchtem Gras. Unter unseren Füßen knirscht der Kies. Irgendwo plätschert Wasser.

»Der See. Er ist künstlich, in der Mitte ist so eine Insel.«

»Gehen wir unter Bäumen durch?« frage ich plötzlich.

»Woher weißt du das?«

»Ich spüre es. Stimmt's?«

»Ja, Linden, eine ganze Allee. Die Gärtner haben Leitern auf Rädern und beschneiden die Bäume. Aber noch ist es nicht richtig grün hier.«

»Bunt ist es. Tulpen, rote und weiße, und Stiefmütterchen.«

»Und ein Springbrunnen!« ergänze ich. Sie staunen. Es tut gut, wenn sie staunen. Ich sehe alles deutlich vor mir. Den Park, die noch etwas dürren Bäume, den Springbrunnen.

»Vor uns ist das Schlößchen, gelb mit weißen Steinfiguren davor. Wollen wir hineingehen?«

»Heute nicht.« Ich bleibe stehen.

Martin zieht nach links hinüber.

»Da ist eine kleine Brücke zur Insel rüber. Ob du da mitkommen kannst, Ille? Ein bißchen klettern, aber wirklich nicht viel.«

»Blödsinn!« sagt Mick.

»Aber es gibt junge Schwäne drüben, fünf Stück, ganz klein.«

Wir gehen hintereinander über die Brücke. Die Jungen halten mich fest. Es geht ein Stückchen hinunter, ich rutsche und fange mich wieder. Es ist sehr still. Mücken summen, es riecht nach Brackwasser und Sumpf.

Martin legt meine Hände um einen Baumstamm, der so riesig ist, daß ich ihn nicht umfassen kann.

»Eine uralte Eiche, der Blitz hat neunmal reingehauen.«

Wir gehen weiter.

Martin bleibt stehen. Er flüstert.

»Da sind sie, vorn die Mutter, hinterher fünf Kinder. Die sind vielleicht süß! Kleine graue Flauschbälle, gar nicht weiß. Mensch, Ille, das hab' ich noch nie gesehen. Jetzt kommen sie rausgewatschelt! Da ist auch der Vater . . .«

Es kommt mir so vor, als würden wir sehr lange hier stehen.

Es wird kühl. Entweder ist die Sonne untergegangen, oder der Schatten eines Baumes hat uns erreicht. Ich bin müde.

So müde, wie ich es seit Jahren nicht mehr war, schön müde. Ich liege nicht mehr im Bett, ich bin gesund. Es ist Frühling.

»Das letzte ist ganz zerrupft. Ob es krank ist? Schade, daß du es nicht sehen kannst!«

»Ich kann es sehen«, sage ich und meine es fast ehrlich.

Die Einladung

Die Ruhe ist das schlimmste.

Wenn es laut ist, habe ich Angst. Wenn es still ist, bin ich allein.

Die Ferien sind längst zu Ende. Schule, Studium, Arbeit. Jeder hat es eilig, jeder tut etwas. Ich bin allein.

Mick und Martin können das nicht begreifen.

»Mensch, Ille, du kannst zu Hause bleiben, toll!«

»Mutter, ich finde, wir bleiben auch noch ein paar Wochen da. Ille braucht uns, und die Schule ist ja sowieso Mist.«

»Genau! Die Schule hemmt meine Entwicklung.«

»Kommt mir auch so vor«, sagt Andreas, »vor allem in Latein seid ihr sehr gehemmt.«

»Von Mathe ganz zu schweigen«, gibt Martin resigniert zu.

»Sklaventreiber!« sagt Mick.

Der Tag fängt um sechs Uhr morgens an. Wenn Röschen die Treppe herunterkommt, dann ist es genau sechs. Ich bin schon wach, seit fünf. Jeden Morgen wache ich um fünf auf, pünktlich wie ein Wecker. Zwei Jahre lang bin ich jeden Morgen um fünf geweckt worden. Von der Krankenschwester und dem Fieberthermometer.

Röschen weckt mich nicht. Sie kommt in mein Zimmer, zieht leise die Vorhänge zurück und sagt: »Aus dir kann ja nichts werden, wenn du nicht richtig schläfst!« Dann setzt sie sich an mein Bett und erzählt mir, daß draußen die Sonne scheint, daß der Fliederbusch schon Knospen hat und daß es zum Mittagessen Spargel gibt.

»Was willst du heute anziehen? Komm, ich helfe dir.«

»Nein, nein, danke. Ich bin doch kein Baby mehr.«

Sie widerspricht mir nicht, aber sie glaubt mir auch nicht.

Trotzdem geht sie wieder hinaus. Ich stehe auf. Mein Zimmer kenne ich jetzt. Zwei Schritte vom Bett zum Waschbecken, vier Schritte zum Schrank. Ich muß nicht mehr nachzählen oder aufpassen. Meine Füße wissen den Weg allein. Ich laufe barfuß und fühle den weichen Teppich.

Über mir schnarrt der Wecker von Andreas, ein altmodisches Trumm, auf einer Waschschüssel — rrrrrrr — aus. Andreas ist schon auf, ich höre seine Schritte, die Tür klappt, er ist bei den Zwillingen.

»Rise, rise!« brüllt er. Der Bruder von Heinz ist Matrose gewesen. Er ist mit sechzehn von zu Hause ausgekniffen und drei Jahre weggeblieben. Seemannsbrauch steht hoch im Kurs bei den Zwillingen. Aufstehen ist etwas ganz anderes. Andreas geht ins Bad. Der Rasierapparat surrt. Wieder zurück.

»Steht ihr jetzt endlich auf!«

»Ja, ja, du Held!«

Andreas schlingt in der Küche sein Frühstück hinunter und rast wieder nach oben.

»Raus jetzt!«

An den Geräuschen kann man leicht erkennen, daß es oben zu einer Kissenschlacht kommt. Irgend etwas klirrt. Halb sieben.

Andreas rennt die Treppe hinunter, flitzt aus dem Haus und radelt zum Bahnhof.

Die tägliche Morgenrauferei scheint allen gleich viel Spaß zu machen. Wenn einer der Zwillinge keine Hausaufgaben gemacht hat und schon vorher aufsteht, wird auch nicht darauf verzichtet.

Sie sind fast immer lustig und gut aufgelegt.

Schlechte Laune habe nur ich.

Wir sitzen zum Frühstück um den runden Tisch: Mutti, Röschen und ich, die Zwillinge mehr oder weniger.

»Gib mal die Butter!«

»Mensch, wo ist der Atlas!«

»He, schmeiß doch nicht alles um!«

»Diese verdammte Mathe-Aufgabe!«

»Michael, hör auf zu fluchen!«

»Michael!« Mick kichert. »Und zwei Mark brauch' ich auch.«

»Unterschreib doch mal schnell, Mutter.«

»Aber was ist . . .«

»Keine Zeit, keine Zeit, nur schnell unterschreiben.«
»Zieht eure Jacken an!«
»Viel zu warm.«
»An meiner fehlt ein Knopf.«
Sie laufen rein und raus, dann sind sie weg. Fahrrad-
klingeln im Garten. Ruhe.
Mutti und Röschen atmen hörbar auf.
Wir sitzen noch etwas zusammen. Röschen geht einkau-
fen. Mutti muß um neun Uhr weg. Dann bin ich ganz
allein.
Das Haus ist still.
Nichts ist so still wie ein leeres Haus. Nichts ist so leer wie
ein Haus ohne Menschen.
Ich will etwas tun. Geräusche. Ich räume den Tisch ab.
Vorsichtig, Stück für Stück. Ich taste mich an der Wand
entlang.
Ich stelle das Radio an, Landfunk. Ich lege Muttis Lieb-
lingsplatte auf: Beethoven, die Apassionata. Serkin spielt.
Ich denke daran, daß ich noch immer nicht mit meinen
Klavierstunden angefangen habe, und schalte den Apparat
wieder aus. Ich nehme das Tischtuch herunter. Etwas fällt
klirrend auf den Boden – zerbrochen.
Ich bücke mich und taste über den Fußboden. Nur ein
Schlüsselbund. Ich stehe wieder auf. Ich bin froh, daß ich
unbeobachtet bin. Hinauf in den ersten Stock, hinauf ist
leicht, hinunter viel schwerer, wenn man nichts sehen
kann.
Das Zimmer von Mick und Martin darf niemand sauber-
machen. Also müssen sie es selber tun. Ich habe die Ehre,
die Betten zu machen. Aber auch ja nur die Betten.
»Du könntest doch über einen Draht oder so stolpern«,
sagt Martin fürsorglich, und Mick meint: »Bestimmt,
außer dir lassen wir niemand in unsere Burg.«
Ich klettere hinauf zum oberen Bett, Laken glattziehen,
Decke. Wem gehört der Schlafanzug? Mick oder Martin?
Na, bisher hat sich noch niemand beschwert. Unteres Bett,
fertig. Ich gehe wieder die Treppe hinunter. Das Geländer
macht einen Knick. Ich bin unten. Was jetzt?
Geschirr waschen? Keine Lust. Staubwischen – dasselbe.
Platten hören? Dazu muß ich drin bleiben. Ich will lieber
in die Sonne. Stricken? Immer wieder stricken.
In dem Moment läutet es plötzlich, schrill und laut.

Ich fahre herum, ich stehe direkt unter der Glocke.

Die Haustür. Besuch! Ich bin allein. Mutti ist weg, Röschen ist weg, alle sind weg. Es läutet ein zweites Mal.

Mein Herz hämmert. Vorsichtig schleiche ich mich auf die Haustür zu.

Höre ich eine Stimme dahinter? Flüstern?

Nein, ich kann es nicht.

Es läutet. Dreimal kurz hintereinander.

Röschen. Sie hat den Schlüssel vergessen! Ich mache noch einen Schritt, meine Hände tasten über die rauh verputzte Wand, die Tür, eine Holzleiste, noch ein Stückchen nach unten, die Klinke.

Ich ziehe die Tür auf und weiß im gleichen Moment, daß es nicht Röschen ist; niemand, den ich kenne.

Ich will die Tür wieder zuschlagen, mich im Haus verstecken. Ich bringe es nicht fertig, auch nur einen Finger zu bewegen. Etwas bewegt sich: zwei Menschen, nicht nur einer.

»Guten Tag. Hoffentlich stören wir nicht.«

Eine Mädchenstimme.

»Ich hab's doch versprochen. Ich wollte vorbeikommen, aber Zeit hatte ich nie.«

Jetzt weiß ich es wieder. Hanne Kolbe, die Schwester vom schweigsamen Heinz.

»Du bist nicht allein«, sagte ich unfreundlich.

»Das ist Ruth, meine Freundin.« Eine Hand nimmt meine Hand, schüttelt sie, reicht sie weiter an eine neue Hand. Rund, fest und lang, dünn. Zwei Hände, mehr nicht.

Was soll ich nur machen? Ich stehe stur in der Tür und halte die Klinke fest. Es ist still. Eine Sekunde lang glaube ich, die zwei sind einfach abgehauen. Dann redet wieder Hanne. »Wir haben ein paar neue Platten dabei. Willst du sie hören?«

»Ja«, ich lasse die Tür los. »Kommt rein.« Sie gehen an mir vorbei. Sie kennen sich in dem Haus aus. Ich mache die Tür zu und taste mich hinterher. Die beiden sind schon im Wohnzimmer. Ich bin langsam. Sie warten auf mich, starren mich an.

Ich stolpere über einen Stuhl. Er fällt krachend um. Ich spüre, wie die Tränen in meinen Augen hochsteigen, und fasse hastig nach der Sonnenbrille. Ich habe sie auf.

»Das Kleid ist phantastisch!« sagt eine fremde Stimme.

Ruth. Ich stelle den Stuhl wieder auf.

»Hast du das fertig gekauft?«

»Nein«, ich hole ein Taschentuch heraus und putze mir die Nase. »Die Frau vom Professor in der Klinik hat es für mich genäht.«

»Einmalig!« sagt Hanne. »Und dafür werde ich Schneiderin.« Sie lacht. Kuhglocke.

Ich gehe an der Wand entlang zur Polsterbank am Kamin. Direkt neben meinem Platz ist der Plattenspieler.

»Sitzt ihr schon?« frage ich.

Sesselrücken. Schnaufen. Plötzlich muß ich lachen.

»Seid bloß nicht so verlegen. Sagt was, tut was.«

Sie kichern ein bißchen. Sie rücken mit ihren Sesseln über den Teppich. Papier knistert. Vermutlich eine Plattenhülle.

»Na?«

Hanne lacht.

»Was sollen wir denn sagen?«

»Das weiß ich doch nicht. Ihr seid ja zu mir gekommen.«

Ich lache schon wieder, obwohl ich das gar nicht will. Jemand lacht mit. Es muß Ruth sein. Sie hat eine höhere Stimme als Hanne.

»Wir haben ja extra Platten mitgebracht, damit wir nicht soviel reden müssen.«

»Das könnte euch so passen!«

Wir kichern los, etwas hysterisch, aber es tut gut. Mir rollen die Tränen vor lauter Lachen übers Gesicht. Als ich die erste Platte auflege, kratzt die Nadel über die Rillen. Neues Gelächter. Den ersten Teil der Platte können wir kaum hören.

Als es vorbei ist, können wir reden, als ob wir uns schon lange kennen.

»Erzählt mal, wie ihr ausseht.«

»Ich bin viel zu dick«, sagt Hanne, »und weil ich mich darüber so ärgere, esse ich unentwegt. Außerdem hab' ich schwarze Haare und einen Leberfleck auf der Nase.«

»Sie ist gar nicht dick!« Ruth kichert. »Und ich bin dafür dürr. Wir sehen aus wie Max und Moritz!«

»Hast du auch eine blonde Locke?«

»Ach ja, eine habe ich vielleicht grade noch.«

»Und was machst du?«

»Kunstschule. Ich will mal Gebrauchsgrafikerin werden, so in tausend Jahren etwa.«

»Glaubst du, bei mir geht's schneller?« Hanne legt eine neue Platte auf. »Was willst du mal werden, Ilse?«
Die Frage kam ganz normal. Einfach so, was ich werden will; nichts sonst.
Ich krieche in mein Schneckenhaus zurück.
»Weiß noch nicht.«
Aber Hanne läßt nicht locker.
»Das weiß man doch. Stimmt es, daß du so toll Klavier spielen kannst?«
»Na, es geht.«
»Daß du in deiner alten Schule schon im Orchester gespielt hast?«
»Was heißt denn das schon. Ich hab' halt rumgeklimpert. Zu Hause haben wir ja kein Klavier zum Üben.«
»Bescheidenheit ist eine Zier!« Hanne wühlt in den Platten herum. »Was sind deine Lieblingsplatten?«
»Ich weiß nicht, ich glaube, ich bin ein Allesfresser.«
»Wem gehören denn die Beatplatten hier?«
»Mick und Martin. Ich mag's auch. Bob Dylan und die Sachen sind von Andi. Mutti hat eine klassische Sammlung und ich nichts.«
»Wir werden dich schon versorgen!«
»Die Jazzplatten von Andi mag ich auch. Aber am liebsten ist mir doch Mozart. Beethoven und Chopin, das muß ich alles noch entdecken, oder Bach. Das ist schwer, bis ich einmal soweit bin. Vielleicht kann ich dann einmal sagen, was mir am meisten liegt. Mögen mag ich alles.«
»Sogar Kinderlieder!« Holz klappert. Ich weiß, daß Hanne meine Blockflöte erwischt hat.
»Damit kann man auch was anders spielen!« protestiere ich. Das war falsch. Schon habe ich die Flöte in der Hand.
»Los, spiel mal!«
»Nein!«
»Doch!« sie brüllen, stellen den Plattenspieler mitten in einer Donavan-Platte ab. Es knirscht gemein. Dann ist es still.
Ich setze die Flöte an. Meine Lippen sind trocken. Ich schlucke.
»Ich kann nichts.«
»Quatsch!«
»Blödsinn!«

Ich spiele. Zuerst piepst es, dann ist das c unrein, dann geht es.

Sie hören höflich zu.

Ich spiele besser. Jetzt hab' ich sie.

»Ol' Man River.« So gut ist mir das noch nie gelungen. Die halben Töne kommen schnell und sauber. Dann »Oh, when the Saints, go marchin' in . . .« Sie klopfen leise den Rhythmus mit. Ich setze ab und hole Luft.

»Puh!« Ruth schnauft auf, »das war ja phantastisch!«

»Das habe ich überhaupt nicht gewußt«, Hanne klopft immer noch »Oh, when the Saints« auf den Boden, »daß man mit einer simplen Holzflöte so unwahrscheinlich gute Sachen spielen kann. Echt gut, ehrlich!«

»Wirklich, das war phantastisch!«

Sie meinen es so. Ich weiß auch, daß es gut war. Ich bin froh.

»Im Krankenhaus hatten sie natürlich nicht viel Platten. Satchmo war schon das Modernste. Aber die Technik mit der Flöte hab' ich ganz gut geübt.«

»Ganz gut! Na hör mal!« Hanne läßt eine Platte in die glatte Hülle zurückrutschen. »So was würde ja nicht mal Bernd schaffen, und der ist irre musikalisch.«

»Wer ist denn Bernd?« frage ich.

»Ach, so'n Bekannter«, sagt Hanne. Ruth kichert laut.

»Schade, daß du jetzt nicht sehen kannst, wie sie rot geworden ist. Wie ein Radieschen!«

»Wieso, wer ist denn dieser Bernd?«

Hannes Stimme klingt heiser.

»'n Bekannter eben . . . Aus unserer Firma . . . Spielt Saxophon.«

»Und verliebt ist sie in ihn, na, ich kann dir sagen!« Ruth lacht, Hanne scheint einen Hustenanfall zu haben.

»Gar nicht wahr!« würgt sie heraus. »Ich finde ihn halt nett, nichts weiter!«

»Ach wo, nichts weiter! Da wirst du was erleben, Ilse. Ach du liebe Zeit, das hätten wir ja fast vergessen!«

»Was denn?«

»Weshalb wir hergekommen sind. Wir wollten dich einladen.«

»Mich?« sofort ist die Angst da.

»Aber ja«, Hannes Stimme klingt wieder normal. »Zu unserer ›Peter-Empfangs-und-Abschieds-Party‹.«

»Wer ist Peter?«

Die Tür geht auf: Röschen.

»Ich bin wieder da. Ach, Ilse, du hast Besuch, das ist nett. Wollt ihr etwas zu trinken? Saft oder Kekse?«

»Nein, danke«, sagt Hanne. »Wir müssen gleich weiter. Bei uns ist heute die Berufsschule ausgefallen, aber nachmittags geht die Fron weiter.«

Röschen geht in die Küche. Die beiden stehen auf.

»Peter ist mein Bruder«, sagt Hanne. »Du weißt doch, der Matrose war. Jetzt studiert er auf der TH, will Architekt werden und findet es zu Hause stinklangweilig, was ich ihm nachfühlen kann. Jedenfalls kommt er nur an hohen Feiertagen so wie Weihnachten oder ganz kurz in den Semesterferien schnell mal auf der Durchreise vorbei, damit er nicht vergißt, wie wir aussehen.«

»Und wenn er diesmal kommt, dann fährt er gleich anschließend nach Italien weiter, und wir müssen eine Empfangs- und Abschiedsparty in einem veranstalten.«

»Ich geh' nicht auf eine Party«, sage ich.

»Klar gehst du, oder vielmehr kommst du. Sind lauter nette Leute da, von Ruth und mir ganz zu schweigen.«

»Ich denke gar nicht dran!« Ich drehe den Kopf der Blockflöte auf und ab. Quiek, quiek.

»Du wirst kommen. Und wenn dein Bruder Andreas dich mitschleifen muß.«

»Ach, hör doch auf.« Ich könnte ihr die Flöte an den Kopf knallen. »Was soll ich denn auf so einer blöden Party? Tanzen kann ich nicht, ich kenne keinen Menschen und überhaupt.«

»Jetzt paß mal auf«, Hanne setzt sich neben mich auf die Bank. »Erstens wird gar nicht so viel getanzt, höchstens rumgehopst, mehr können wir selber nicht. Zweitens kennst du ja schon uns, und Heinz und Andi auch. Drittens mußt du auch noch mehr Leute kennenlernen, und unsere Freunde sind wirklich nett.«

»Besonders Bernd!« sagt Ruth dazwischen. Hanne läßt sich nicht ablenken.

»Und viertens ist es bei unseren Partys noch immer so gewesen, daß alles herumsitzt und redet und Platten hört, und die hellste Beleuchtung ist eine kümmerliche Kerze, bei der sowieso keiner was sehen kann. Alles klar?«

»Ihr könnt lang reden, ich komme nicht.« Ich stehe auf

und lege die Flöte weg, bevor ich sie noch ganz kaputt mache.

Wir gehen zur Tür.

»Halt, das Datum! Genau heute in zwei Wochen. Dienstag, der . . .«

»Hör auf, ich komme doch nicht!« sage ich über ihre Stimme hinweg.

». . . der 2. August, Beginn abends, 19 Uhr. Das Mitbringen einiger Schallplatten ist durchaus erwünscht.«

Ich sage gar nichts mehr. Sie machen sich selber die Tür auf, lachen, kichern, rennen zum Gartentor. Ich will die Tür schon schließen, als ich noch einmal Schritte zurückkommen höre.

Hastige, etwas ungeschickte, kurze Schritte. Hanne.

»Ich habe noch was vergessen«, flüstert sie. »Großes Geheimnis: Heinz, welcher mein Bruder ist, hat sich in dich verknallt. Er behauptet, du siehst aus wie Jean Seberg, und als ich ihn sanft dran erinnere, daß ihm die gar nicht gefällt, wird er wütend, wie . . .«

Ich schlage ihr die Tür vor der Nase zu.

Diese albernen Gänse mit ihren albernen Partys und ihren albernen Brüdern!

Röschen kommt gleich aus der Küche gerannt.

»Was ist denn los, Ilse? Ist etwas passiert? Hast du dir weh getan?«

»Nein, mir ist nur die Tür aus der Hand gerutscht!« fauche ich sie an und gehe in mein Zimmer, wo ich allein sein kann.

Weiß gleich schwarz

Es ist Abend. Am Abend riecht die Luft anders als am Morgen oder mittags. Je weiter wir in die Innenstadt kommen, desto mehr stinkt es nach Benzin und Autos. Wir reden nicht viel, Andreas und ich.

Von Hanne und Ruth mußte ich natürlich erzählen. Es war das erste, womit Röschen rausplatzte, als die anderen heimkamen. Aber von der Party habe ich nichts gesagt. Wozu auch? Ich gehe ganz bestimmt nicht hin. Aber wenn

ich erst etwas davon sage, dann fängt das an mit: »Aber
natürlich gehst du hin!« und »Das wird dir gut tun, ein
wenig Abwechslung.«

Wenn sie mich nur in Ruhe lassen würden. Wenn sie mich
doch nur ... Und dann geht es wieder mit der Schule los:
Blindenschule. Schon von dem Wort allein wird mir
schlecht. Ich soll weg.

Wo ich mich noch nicht einmal im Haus richtig bewegen
kann. Wo ich immer noch die Stufen zählen muß. Blindenschule.

Ich habe Angst.

Ja, das weiß ich ja selber. Ich muß in eine Schule. Ich bin
mit vierzehn in die Klinik gekommen, und seitdem ...
Ich will ja auch, aber nicht gleich und bestimmt nicht
Blindenschule. Ich schiebe die Gedanken wieder weg. Es
ist Sommer, die großen Ferien liegen vor uns. Ich bin daheim. Es wird wieder etwas ruhiger. Ich merke, daß Andreas mich einen anderen Weg führt als die Zwillinge. Es
riecht nach Flieder und Zwiebelbraten. Kinder kreischen
neben uns, ein Ball rollt vor meine Füße.

»Sag mal, Andi«, fange ich an.

»Ja?«

»Wie sieht Onkel Frick jetzt aus? Hat er sich verändert?«

»Nein, oder ja. Weiße Haare hat er bekommen. Einen
richtigen Beethovenkopf.«

»Wieso hat er uns noch nicht besucht?«

»Ich weiß es nicht, ich glaube, er war verreist. Er hat Mutti
viel geholfen, oder uns allen, wie du willst. Das Haus und
so, Mutti wollte unbedingt eins mit Garten – für dich.«

Für mich? Wußte Mutti denn schon damals, daß ich ...
Ich versuche an etwas ganz anderes zu denken, aber es wird
nicht viel daraus. Andreas spricht nicht von unserer Umgebung. Ihn interessieren weder die Landschaft noch die
Häuser, nur die Menschen.

Wir sprechen.

»Manchmal möchte ich wissen, wozu wir leben«, sage ich
leise.

»Um zu leben«, sagt er.

Ich denke: Und ich? Wie ist das bei mir? Aber ich sage es
nicht laut.

Unter meinen Schuhen spüre ich glatten Teerbelag, dann
plötzlich Kopfsteinpflaster, gleichmäßiges, neues Kopf-

steinpflaster. Wir gehen weiter. Neben uns hohe Häuser. Wir müssen jetzt auf den Marktplatz kommen, mit den bunten Häusern, den Kastanien und der Nikolaikirche mit den roten Mauern und dem grünen Dach.

»Weißt du, Andi, das ist gut, daß ich wenigstens früher mal gesehen habe. Daß ich wenigstens weiß, was Menschen sind und Dinge, wie Farben aussehen: rot und blau und gelb.«

Er schweigt. Wir bleiben stehen. Ich versuche, es ihm zu erklären.

»Bei mir im Zimmer, ich meine im Krankenhaus, da war einmal ein Mädchen, drei Tage oder vier. Sie war so alt wie ich, aber von Geburt an blind. Von Geburt an, verstehst du? Sie hatte noch nie in ihrem Leben etwas gesehen – nichts! Sie wußte überhaupt nichts. Das war gräßlich. Sie hat mir leid getan. Ich dachte ja damals noch nicht, daß ich – daß ich einmal . . .« Ich breche ab. Andreas antwortet nicht.

Es ist das erstemal, daß wir darüber sprechen, darüber, daß ich blind bin. Wir tun immer so, als wäre alles normal, als gäbe es diese schwarze Brille vor meinen Augen nicht. Aber ich will, daß er mich versteht.

»Ich glaube, ich muß froh darüber sein, daß ich mir wenigstens vorstellen kann, wie alles aussieht. Auch wenn's nicht stimmt, ich sehe etwas, in meiner Phantasie. Etwas, was ich kenne.«

»Darüber habe ich nie nachgedacht«, sagt er langsam. »Ist es leichter für dich, dadurch?«

»Ich . . . Ich habe nur Angst, daß es nicht anhält, daß meine Erinnerung verblaßt, daß ich alles vergesse, die Gesichter, die Farben, die Dinge.«

Wir gehen wieder weiter. Eine Zeitlang schweigt er, dann sagt er: »Wir werden dir immer sagen, wie die Welt um dich herum aussieht. Manchmal glaube ich, in der Beziehung bin ich selber blind. Also: Der Himmel ist fahlblau. Eine dicke Wolkenwand – hm – weiß bis dunkelgrau. Sieht nach Regen aus.«

»Und die Mauern der Kirche sind dunkelrot, der Turm ist hellgrün«, ergänze ich.

»Woher weißt du . . .« Seine Stimme klingt so entsetzt, daß ich lachen muß.

»Ich war doch schon mit den Zwillingen hier. Und wenn

mich das höckrige Pflaster unter uns nicht täuscht, dann stehen wir direkt vor der Nikolaikirche, stimmt's?«

»Du hast recht«, sagt er. Seine Stimme lacht nicht. Sie klingt traurig.

Wir gehen um die Kirche herum. Andreas versucht eine Tür nach der anderen aufzumachen, alle sind verschlossen. Endlich finden wir einen Seiteneingang.

»Drei Stufen hinunter... Vorsicht, Ille.« Es riecht nach Keller und Kirche. »Jetzt geht es wieder fünf Stufen nach oben. Wir sind in der Sakristei.«

Unsere Schritte hallen. Es ist kühl. Andreas bleibt stehen. Der Raum über uns scheint unendlich.

Wir sind durch die Sakristei hereingekommen, also müssen wir irgendwo neben dem Altar stehen. Vor uns die Kuppel und die Bankreihen. Ich sehe vor mir das Innere einer Kirche, die sich aus allen Kirchen zusammensetzt, die ich je gesehen habe; gleichzeitig fremd und vertraut.

Wir sind nicht allein.

Ich höre ein Rascheln, ein Schnaufen, und dann setzt plötzlich die Orgel ein. Die Musik braust und rauscht und füllt den Raum, bis nichts anderes mehr Platz hat.

Ich weiß nicht mehr, ob ich stehe oder sitze. Ich bin schwerelos wie im Wasser. Ich kenne das Lied. Ich kannte es irgendwann einmal. Die dunklen Stimmen sind traurig und schwer, darüber kleine, helle Flötentöne, die die Melodie festhalten und mich. Ich höre auf, mich zu wehren, ich versuche nicht mehr, die Melodie zu erkennen. Ich gebe nach. Zum erstenmal vergesse ich vollkommen, daß ich blind bin. Andreas berührt meine Hand.

»Ich bin gleich wieder da.« Seine Schritte lassen mich allein. Ich bleibe unbeweglich stehen.

Vorsichtig beginnt eine neue Melodie, als ob sie Angst hätte. Vier, fünf Töne, die Melodie verändert sich, eine dritte, vierte Stimme.

Ich weiß, daß ich Musik noch nie so intensiv gehört habe – weil ich früher sehen konnte – weil ich jetzt blind bin?

Andreas kommt zurück. Neben seinen Schritten ein anderer, langsam, fast schleppend, müde.

»Ilse, ich bin es.« Ich werde umarmt, bekomme einen Kuß auf die Nase. Onkel Frick ist immer noch groß. Obwohl ich doch inzwischen gewachsen bin. Groß und hager und nicht müde. Seine Stimme paßt nicht zu seinen Schritten.

»Laß sie mir etwas hier, Andi, ich bringe sie nachher heim.«

Andreas geht fort, und Onkel Frick nimmt mich mit nach oben zur Orgel. Er hilft mir, die schmale, gewundene Treppe hochzuklettern, führt mich zu dem niedrigen Orgelbänkchen und setzt sich neben mich.

Als Andi und ich noch klein waren, war Onkel Frick der Märchen-Onkel. Wenn er uns besuchte, mußte er erzählen, immer wieder. Seine Stimme ist vertraut.

»Meine Orgel«, sagt er. »Ich bin froh, daß ich hier spielen kann. Sie ist wunderbar, eine der schönsten Orgeln, die wir haben, natürlich nicht so groß wie die Orgel im Passauer Dom, aber auch nicht sehr viel kleiner. Ein unbekannter Meister hat sie zu Anfang des 18. Jahrhunderts gebaut. Heute weiß man nichts mehr über ihn, die Urkunden sind verlorengegangen. Aber die Orgel ist noch da. Allerdings hat sie ein Zugeständnis an die heutige Zeit bekommen, elektrischen Strom. Ich muß den Blasebalg nicht mehr mit den Füßen . . .«

Ich höre nicht mehr zu. Ich überlege plötzlich, warum Onkel Frick nie geheiratet hat.

»Schon im alten Griechenland gab es Orgeln, schon im 3. Jahrhundert nach Christi Geburt, sogenannte Wasserorgeln. Auch später in Rom und Byzanz gab es Orgeln, aber die schönsten Orgeln hat man im 17. und 18. Jahrhundert gebaut.«

Er ging mit Vater in eine Klasse. Später waren sie immer unzertrennlich, alle drei: Vater, Mutti und er.

»Die Orgelpfeifen mit gleicher Klangfarbe nennt man ein Register. Es gibt zum Beispiel ein Flötenregister.«

Er spielt. Die Melodie verwandelt sich. Es klingt, als spiele erst eine Flöte, dann noch eine, eine dritte.

»Komm, du mußt hier hinaufklettern.« Er hebt mich hoch, führt meine Hände über die Orgelpfeifen: dicke Rohre, schmale dünne, kühles Metall. Wir setzen uns wieder auf die Bank.

»Soll ich noch etwas spielen? Deine Mutter hat gesagt, daß du auch wieder Klavierstunden nehmen willst. Paß auf, Bach, Johann Sebastian Bach.«

Er spielt wieder. Aber es ist nicht mehr so wie vorher. Ich denke. Mutti hat mit ihm gesprochen, über mich, und wenn sie über ihn spricht, klingt ihre Stimme anders.

Er hat etwas gemerkt. Die Musik bricht ab.

»Du hast doch irgendein Problem. Hm?«

Ich werde rot.

»Können wir nicht . . .« Ich fange an zu stottern, »könnten wir nicht gleich mit den Stunden anfangen? Ich möchte es so gern, bitte!«

»Einverstanden.«

Er fragt nicht weiter, sondern steht sofort auf. Wir klettern wieder die enge Treppe hinunter, aber ich bin so dicht hinter Onkel Frick, daß ich gut hinunterkomme. Er hat ein kleines Auto. Wir fahren, und einen Augenblick lang denke ich an die Klinik zurück und an den Professor. Ich freue mich.

Die Wohnung von Onkel Frick ist fremd für mich. Sie interessiert mich auch nicht.

Er fragt, ob ich etwas zu essen haben will oder zu trinken. Ich will nur spielen.

Zum erstenmal sitze ich wieder auf einem Klavierhocker. Ich drehe mich, bis ich die richtige Höhe habe. Es ist ein Flügel. Ich rieche es. Komisch, früher, als ich noch jeden Tag üben mußte, da mochte ich das Klavier gar nicht so gern, und nie ist mir aufgefallen, daß es einen Geruch hat nach der spiegelnden Lackpolitur, den glatten Elfenbeintasten, den Filzplättchen und den Saiten.

Ich klappe den Deckel auf und taste über die Tasten. Taste – tasten. Weiß ist gleich schwarz. Alles ist schwarz. Ich fühle, daß die einen Tasten höher sind, die anderen weiter vorn, plan. Aber es ist so fremd. Meine Hände wandern nach links, nach rechts, wieder zur Mitte. Mein linker Daumen berührt die C-Taste. Es ist das D. Ich werde unsicher. C – Cis. Das ist doch unmöglich. Ich kann doch spielen. Ich habe doch immer – blind – gespielt, auf die Noten geschaut. Ich kenne doch noch ein Klavier.

Es bleibt fremd. »Ich kann nicht!«

Onkel Frick setzt sich neben mich.

»Es ist nur der Anfang!«

Ich schniefe, er gibt mir sein Taschentuch. Es riecht nach Tabak.

»Aber ich kann doch spielen. Ich muß es doch noch können! Ich habe doch gut gespielt!«

»Du hast zwei Jahre lang nicht gespielt. Und es ist eine

völlig neue Situation. Auch wenn man nach Noten spielt, sieht man die Tasten im Augenwinkel. Komm, wir versuchen es zusammen.«

Er spielt mir eine Notenfolge vor. Ich versuche es wieder. Ein Kinderlied: »Kuckuck, Kuckuck ruft's aus dem Wald.« »Der Esel und der Kuckuck.« Immer Kuckuck, immer wieder fällt mir der Professor ein. Pianistin! Ich habe ja sogar alles vergessen, was ich konnte. Wie soll ich es denn lernen, ohne Noten?

»Du mußt dein Gehör schulen; komm, wir versuchen es noch einmal. Hör genau zu! Ich spiele jetzt ganz langsam.«

Ich versuche es.

»Nein, ich kann es nicht!«

»Wenn du willst, dann kannst du es auch.«

Ich leihe mir noch einmal das Taschentuch aus.

»Wenn du es wirklich willst, dann kannst du jederzeit hier üben. Du bekommst einen Schlüssel zur Wohnung und kannst immer kommen, auch wenn ich nicht da bin.«

»Ich will ja«, sage ich leise.

»Dann gib mir endlich mein Taschentuch zurück, damit du die Finger frei hast.«

Brandstiftung

In der Nacht hat es geregnet. Die Luft ist frisch, es riecht nach feuchter Erde. Ich sitze auf der Veranda im Korbsessel, höre Schulfunk und stricke. Den Pullover für Mick habe ich fertig. Nur zwei kleine Fehler. Jetzt ist die Wolle also blau. Sie fühlt sich genauso an wie die rote.

Die anderen sind weg wie jeden Tag. Die Sonne ist warm. Sommer. »And now listen to the story of ...«

Tü – tirillüüü – tüüü. Irgendwo über mir sitzt eine Amsel. Es ist eine Amsel, Martin hat es mir gesagt. Er versucht mir alle Vögel mit ihren Stimmen zu zeigen.

»Ich werde mal Ornithologe, mußt du wissen.«

Mick lacht meckernd.

»Das Wort kennt er genau seit zwei Tagen!«

»Du bist ja blöd!«

Sie prügeln sich und trotten dann einträchtig davon.
»Zum Sportplatz. Bis bald, Ille!«
Das Radio spuckt eine Reihe unregelmäßiger Verben aus.
Ich suche einen Sender mit Musik. In den letzten Tagen
war ich, sooft es ging, in der Wohnung von Onkel Frick.
Ich habe mit ihm geübt und allein gespielt. Es geht viel
besser, als ich dachte. Die Erinnerung ist zurückgekom-
men, fast alles, was ich schon spielen konnte und was ich
vor allem ohne Noten kannte, ist wieder da. Früher hatte
ich keine Lust zu üben, ich wollte immer neue Stücke ler-
nen. Jetzt ist es umgekehrt. Ich habe Angst vor Neuem.
Die bekannten Sachen spiele ich immer wieder und achte
auf die kleinen Unreinheiten.
Neues kann ich nicht allein lernen.
Ich kann nichts allein; nicht einmal hingehen zum Üben.
Nachts weckt mich die Angst.
Dann ist es still, so still wie am Tag, wenn ich allein bin.
Eines Tages wird Andreas heiraten und fortziehen. Röschen ist sehr alt. Die Zwillinge tun alles, um was ich sie
bitte, wenn ich sie bitte. Ihr Tag ist voll: Freunde, Schule,
Schwimmen, Ausflüge, Spiele, Bücher. Und Mutti? Ich
habe ausgerechnet, daß sie 39 Jahre alt ist. Ich denke an
Onkel Frick und an sie und habe Angst. Zwei Monate
bin ich schon hier.
In den zwei Klinikjahren hatte ich wenigstens die Hoff-
nung: Wenn ich erst wieder sehen kann. Mein Knie tut
weh. Ich bin vorhin über die Verandamauer gefallen. Ich
hätte es wissen müssen. Fünf Schritte von der Tür. Immer
zählen, aufpassen, vorsichtig sein. Ich drehe am Radio
herum. Überall sind Nachrichten. Wenn ich wenigstens
ein eigenes Klavier hätte. Aber daran ist gar nicht zu denken. Muttis Geld reicht gerade so, und Andreas muß in
den Ferien arbeiten, um sein Studium zu bezahlen. Studie-
ren, Lernen, Lesen. Immer wieder fangen sie mit der
Blindenschule an.
Sie helfen mir. Sie sind geduldig. Sie lesen mir vor: von
Tom Mix und Jack London über Brecht oder Robbe-Gril-
let bis zu Balzac oder Sartre. Je nachdem, was sie gerade
lesen: Krimis und Kochbücher, nur nicht Bücher die mich
interessieren.
Blindenschrift, Blindenbücher, Blindenschule.
Die Sache mit der Party ist auch rausgekommen. Hanne

hat Andi auf der Straße getroffen, und er war sehr erstaunt, daß er noch nichts wußte. Ich hab' gesagt, ich hätt's vergessen, aber sie haben mir nicht geglaubt.

Ich muß mir etwas ausdenken, weshalb ich nicht hingehen kann, am besten Kopfschmerzen oder verkorkster Magen. Aber das hat noch Zeit.

Zeit, massenhaft Zeit zum Herumsitzen, zum Stricken; ein bißchen Radio, Platten, Stachelbeeren putzen, Unkraut jäten bei den Pflanzen, die deutlich vom Unkraut zu unterscheiden sind, Staub wischen, herumsitzen. Wenn doch etwas passieren würde. Hoffentlich passiert nichts!

Es läutet. Ich fahre zusammen, eine Stricknadel klirrt über den Boden. Ich schalte das Radio aus und horche ins Haus hinein. Röschen muß doch da sein.

Es läutet ein zweitesmal, lang und fordernd.

Röschen ist nicht da. Natürlich, sie hat ja beim Frühstück irgendwas vom Zahnarzt gesagt.

Ich stehe auf und gehe hinein. Durch das Wohnzimmer ins Treppenhaus zur Wohnungstür wie ein hypnotisiertes Kaninchen. Es kann ja nur Hanne sein oder Ruth. Ich mache die Tür auf, noch bevor es zum drittenmal klingelt. Schweigen.

Es riecht nach Schweiß und Pfeifentabak: weder Hanne noch Ruth, ein Mann.

»Ja bitte?« Ich flüstere.

»Wie heißen Sie?« Die Stimme ist heiser und scharf.

»Bitte?«

»Wie Sie heißen, will ich wissen. Glauben Sie ja nicht, daß ich mich für dumm verkaufen lasse!« Eine Bewegung, ein Grunzen, dann wieder die Stimme. Laut: »Ich habe genau gesehen, daß die zwei hier aus dem Haus gekommen sind. Grote steht hier dran. Heißen Sie Grote?«

»Wer sind Sie?« Ich habe Angst. Mutti! Röschen! Warum kommt denn keiner?

Der Mann lacht. Es ist ein gemeines Lachen.

»Sie werden mich schon kennenlernen!«

»Bitte . . .« Ich versuche, die Tür zuzudrücken. Ein Gewicht stemmt sich dagegen.

»Das könnte Ihnen so passen, was?«

Mir ist kalt. Ich halte mich an der Tür fest. Ich mache den Mund auf und wieder zu, kein Ton kommt heraus. Ich möchte schreien.

»Das sage ich Ihnen«, seine Stimme ist mit einemmal ganz dicht vor meinem Gesicht. »Dafür werden Sie mir bezahlen, und zwar nicht zu knapp! Ich habe endgültig die Nase voll!«

»Aber bitte ... Bitte, ich ... Ich weiß ja gar nicht ...«

Er unterbricht mich: »Tun Sie nur nicht so. Ich habe Sie oft genug im Garten gesehen mit Ihrer Sonnenbrille. Aber Sie halten es ja nie für nötig zu grüßen!« Es gibt ein schnalzendes Geräusch, so als ob sich jemand mit dem Handrücken über die Nase fährt. Dann wieder die Stimme dicht vor mir, leise, drohend: »Wissen Sie, wie man so etwas nennt? Brandstiftung! Das ist glatte Brandstiftung!«

Ich habe das Gefühl zu träumen – ein Alptraum. Ich will wieder schreien. Statt dessen kommt meine Stimme plötzlich klar und fast kühl wie eine fremde Stimme.

»Bitte, ich habe keine Ahnung, was Sie wollen. Wer sind Sie überhaupt?«

»Auch noch hochmütig, was? Aber nicht mit mir. Sie werden die Rechnung bezahlen. Und zwar für den ganzen Zaun.«

»Zaun! Was für ein Zaun?«

Die Stimme des Mannes fährt mich an: »Auch noch frech werden, wie?«

Ich weiche zurück. Meine Augen beginnen zu brennen, ich muß die Brille abnehmen und drehe mich um. Seine Worte hämmern auf meinen Rücken: »Mir reicht es jetzt. Endgültig. Das hab' ich mir lang genug angesehen. Zehnmal am Tag ist der Fußball in meinen Gemüsebeeten, die Fahrräder zerkratzen mein Gartentor, und dann stecken sie mir auch noch den Zaun an. Was zuviel ist, ist zuviel, verflucht nochmal. Sehen Sie mich gefälligst an, wenn ich mit Ihnen rede!«

Seine Hand packt meine Schulter, reißt mich herum.

Ich rücke die Brille zurecht.

»Was soll ...« Seine Stimme dicht vor meinen Augen. »... Sagen Sie mal ... Sie sind doch nicht etwa ...« Die Stimme flieht. »Das ist ja das Letzte! Und da laufen Sie hier so rum! Ich meine ...« Er stockt, hustet, brabbelt vor sich hin. Ich verstehe nur: »... Heime für so was ...« Ich unterbreche ihn, hoch und schrill: »Also, was ist jetzt los? Jemand hat Ihren Zaun angezündet?«

Er weicht zurück.

»Ja – nein – ich meine, es ist ja nicht so schlimm, ein, zwei Latten. Aber ... verdammt ... das kann ja schließlich keiner wissen ... ja, die Brille, natürlich ...« Er stammelt. Seine Stimme entfernt sich. Das Gartentor quietscht. Hastige Schritte nach links.

Ich gehe in mein Zimmer und versuche an irgend etwas zu denken, irgend etwas.

Röschen kommt fünf Minuten später, Mick und Martin nach einer halben Stunde.

Ich gehe nicht hinaus.

Ihre Stimmen toben durch das Haus, dazwischen die von Röschen, Mick, wieder Martin. Sie sind im Flur, direkt vor meiner Zimmertür. Sie murmeln. Röschen sagt etwas. Mick ist empört. Dann platzt die Tür zu meinem Zimmer auf.

»Mensch, Ille, du mußt uns helfen!«

»Röschen spielt verrückt!«

»Nur wegen der läppischen Leitung im Flur. Als ob wir so eine winzige Sache nicht reparieren könnten.«

»Was für eine Sache?« Meine Stimme klingt ruhig.

»Die Lampe über'm Spiegel ist hin.«

»So ein Kurzer in der Leitung.«

»Unter Putz. Kein Problem für uns.«

»Aber Röschen läßt uns nicht.«

»Weil's angeblich gefährlich ist.«

»Ausgerechnet! Als ob wir uns nicht mit dem Zeug auskennen!«

Ich sage nichts.

»Bitte, Ille, sprich du mit Röschen!«

»Sag ihr, daß wir so was können!«

Ich schweige immer noch. Martins Stimme kommt dicht an mein Ohr.

»Komm mit in unsere Burg, wenn du's nicht glaubst. Dann zeigen wir dir ein Geheimnis.«

Sie ziehen mich aus dem Sessel, zur Tür, die Treppe hinauf. Oben in ihrem Zimmer nehmen sie meine Hände und führen sie über Drähte, die unter den Betten entlanglaufen, einen kleinen Schalter hinter der Matratze und zwei kleine Lampen.

»Nicht schlecht, wie? Unsere Erfindung! Geheime Beleuchtungsanlage, die sich automatisch ausschaltet, sobald jemand die Tür öffnet.«

»Glaubst du jetzt, daß wir so eine einfache Reparatur an der Flurlampe auch machen können?«

»Ich traue euch noch eine ganze Menge mehr zu.«

»Ja, nicht wahr?«

»Zum Beispiel, daß ihr den Zaun vom Nachbarn anzündet.«

Jetzt schweigen sie, mindestens eine Minute lang. Dann kommt Micks Stimme reichlich dünn: »Wie ... Wie kommst du da drauf?«

»Er war hier. Wie heißt der Kerl überhaupt?«

»Johannson, neu eingezogen, ein richtiges Ekel.«

»So kam es mir auch vor.«

»Ille?«

»Na?«

»Was hat er ... Was hast du ...«

»Nichts. Er ist wieder abgehauen.«

»Mensch, Ille!« Die Steine, die ihnen vom Herzen plumpsen, schlagen fast den Fußboden durch.

»Das ist ja wirklich einmalig.« Pause, dann wieder zögernd: »Du hast es doch nicht erzählt, oder? Röschen?«

»Nein.«

»Und tust du's auch nicht? Auch nicht Mutti oder Andreas?«

»Und auch nicht das von unserer Lichtanlage!« fügt Mick schnell hinzu.

»Machen wir ein Geschäft«, sage ich. »Erstens: Ihr geht morgen zu dem Ekel und bezahlt seine zwei Zaunlatten von eurem Taschengeld. Wie ist das eigentlich passiert?«

Sie sind ganz eifrig, alle zwei.

»Wir können ja gar nichts dafür!«

»Es war ein Versehen, ehrlich!«

»Wir haben von Tommi einen Brief in Geheimschrift bekommen. Mit Zitronensaft geschrieben, verstehst du. Ist völlig unsichtbar, man muß es nur über eine Flamme halten, und schon wird die Schrift schwarz. Wir standen halt grade vor dem blöden Zaun, und Mick ist das Streichholz runtergefallen.«

»Weil du mich gestoßen hast!

»Genau in so einen albernen Laubhaufen hinein. Aber es ist ja überhaupt nicht viel passiert. So ein bißchen angekohlt.«

»Weiß gar nicht, wie der uns gesehen hat!«

»Er hat euch offensichtlich kurz vorher aus unserem Haus kommen sehen und zwei und zwei zusammengezählt.«
»Das ist doch kein Beweis!« Mick ist empört.
»Hört schon auf. Er hat auch etwas von eurem Fußball in seinen Gemüsebeeten erwähnt.«
»Na ja ...«
»Kann schon sein ...«
»Also gut. Ich sage nichts, und ihr zahlt ihm die Latte oder was da verbrannt ist. Einverstanden?«
»Und Punkt zwei?«
»Was für ein Punkt zwei?«
»Du hast gesagt, erstens. Was ist zweitens?«
»Nichts«, sage ich. Ich wollte sie bitten, mich regelmäßig zu Onkel Fricks Wohnung zu bringen. Ich kann es nicht. Ich mag keine Hilfe aus Mitleid. Ich mag keine Geschäfte. Gegenleistung hatte ich gedacht. Gegenleistung wofür? Dafür, daß ein wütender Nachbar abgehauen ist, weil ich blind bin? Weil ihm ein blindes Mädchen peinlich ist?
Ich lache etwas mühsam.
»Er hat ganz schön gebrüllt«, sage ich und wünsche mir, er hätte noch mehr gebrüllt, statt wegzurennen.
Ich gehe die Treppe hinunter, Stufe für Stufe, die Hand am Geländer.

Peter

Es ist Sommer, angeblich der heißeste Sommer seit Jahren. Und dazu sind Ferien. Wir liegen jeden Tag in der Sonne oder sprengen den Garten und duschen unter dem Gartenschlauch, meistens Hanne, Ruth und ich. Sie kommen fast jeden Tag. Wir verstehen uns gut. Von der Party wird nicht mehr gesprochen. Sie ist morgen.
Ich habe einen neuen Bikini. Er ist zitronengelb, Mutti hat ihn mir mitgebracht. Alle sagen, das sieht toll aus, das Gelb auf meiner braunen Haut. Ich war immer die dunkelste in der Klasse. Großer Wettbewerb, Ellbogen an Ellbogen, wer ist dunkler. Jetzt ist es mir egal. Ich liege in der Sonne, weil ich Zeit habe, Zeit und Zeit und Zeit.
Die ersten Ferientage waren schön. Die Zwillinge waren

die ganze Zeit da, schleppten mich zu Onkel Frick, der genausoviel Zeit hatte, und holten mich wieder ab. Ich habe Fortschritte gemacht. Aber jetzt sind die Zwillinge weg, mit Tommi zusammen auf großer Zeltfahrt.

Zwei Tage lang wurde gepackt. Nicht nur Mick und Martin, jeder wurde von dem Wirbel angesteckt, Andreas, Mutti, Röschen und ich.

Kleider, Schuhe, Badezeug, Decken, Schlafsäcke, Luftmatratzen, Zelt, Kochtopf, Besteck und Plastikgeschirr, Kocher, Landkarten, Werkzeug, Marmelade, Butter, die schon in der Büchse schmolz, Schokolade, Dauerwurst, die doch nicht lange dauert.

Geschrei, Durcheinander, dazwischen Röschen wie ein aufgeregtes Hühnchen.

»Das alles soll auf eure Räder passen? Nie im Leben!« Es paßte.

Wir alle kamen mit bis zum Gartentor, Muttis Ermahnungen noch ein Stückchen weiter: »Ja nicht mehr als 70 km am Tag! Und schreibt jeden Tag, hört ihr? Wenigstens ein kurzes Lebenszeichen! Schließlich seid ihr erst zwölf, und – und – und . . .«

Sie sind schon fast eine Woche unterwegs. Jeden Tag kommt eine Karte. Meistens etwa so: M. g. g., M. a! Herzlichst Mick.

Das heißt dann: Mir geht's gut. Martin auch.

Mutti hat Zeit für mich. Wir gehen einkaufen. Ich habe nicht mehr soviel Angst. Ich habe zwei neue Kleider und Sandalen mit Zehenriemen. Oder wir gehen schwimmen. Ich kann noch schwimmen. Ich tue es gern. Am liebsten irgendwo, wo keine anderen Leute sind, nur Mutti natürlich. Es ist schön, wenn wir allein sind. Wenn ich sie nicht teilen muß mit den Zwillingen, Andreas, Onkel Frick, der Schule. Wir reden miteinander, schwimmen, liegen auf dem heißen Kies in der Sonne, schweigen. Die zwei Jahre haben uns nicht getrennt, sondern näher zusammengebracht. Das ist wunderbar, natürlich. Und das ist schlecht. Denn wenn ich wieder allein bin, ist alles viel schlimmer.

Die Semesterferien von Andreas haben jetzt erst angefangen. Übermorgen fährt er mit Heinz und noch ein paar anderen nach Italien, und danach wird er arbeiten. Hanne und Ruth wollen zusammen eine Bergtour machen.

Ich tue nichts.

Ich muß warten, bis jemand kommt und fragt: »Ilse, machen wir einen Spaziergang?« oder: »Hast du Lust, mit in die Stadt zu kommen?«

Allein kann ich nichts tun; herumsitzen, warten.

Die Sonne ist heiß. Es riecht nach Heu und nach trockener Erde. Die Bienen summen, im Nachbargarten sirrt der Rasensprenger. Sssst — sssst.

Mutti ist in mein Zimmer gekommen und hat gesagt: »Ille, ich gehe zu Frick. Kommst du mit?«

»Nein.«

»Warum denn nicht?«

»Keine Lust.«

»Aber . . .«

»Ich will nicht, basta!«

Sie ist allein gegangen. Als ob ich den Unterschied nicht gemerkt hätte: nicht Onkel Frick, einfach nur Frick. Wundert mich, daß sie überhaupt noch fragt. Röschen ist auch weg. Zwei Wochen bei ihrer Schwester auf dem Bauernhof. Andreas hat nur gesagt: »Ich muß mir eine leichte Hose kaufen. Du hast sicher keine Lust, bei der Hitze mitzukommen.«

»Es ist doch gar nicht so heiß.«

»Doch, wahnsinnig. Vor allem in der Stadt und in den Geschäften. Außerdem kommen ja sicher deine Freundinnen.«

Sie sind aber nicht gekommen. Ich bin allein. Sie kommen, wenn sie Lust haben. Und wenn sie nicht mögen, dann kommen sie eben nicht. Na ja, ich bin schließlich immer da.

Meine Finger haben eine kleine Noppe im Sesselbezug gefunden und zerren daran. Mitleid. Die können mich gern haben mit ihrem Mitleid. Ich habe die Noppe an einem langen Faden aus dem Stoff gezogen und drehe den Mittelfinger hinein, um ihn durchzureißen. Aber Zeigefinger und Daumen rollen den Faden zusammen, drücken ihn vorsichtig fest und glätten den Stoff wieder. Manchmal bin ich ehrlich zu mir selbst. Dann weiß ich, daß ich wütend bin, weil sie kein Mitleid mit mir haben. Nicht dieses unermüdliche »Ach-die-arme-kleine-Ille-Mitleid«, in das ich mich fallen lassen kann wie in ein warmes Bett. Daß sie ihr eigenes Leben weiterleben, weil sie mich mögen, weil sie mich als selbständigen Menschen akzeptieren wollen. Aber ich will doch nicht selbständig sein, ich will nicht allein sein. Ich müßte eine Elefantenhaut haben, und stattdessen habe ich überhaupt keine Haut. Alles dringt sofort zu mir durch, verletzt mich, auch wenn es nicht verletzend gemeint ist. Eine Mimose ist ein Kaktus gegen mich. Ich weiß das, na und? Was nützt es mir, daß ich es weiß? Überhaupt nichts, aber auch nicht das geringste. Mist. Ich muß über mich selbst grinsen und fühle mich besser. Tun, etwas tun. Ich müßte etwas tun. – Das Telefon.

Die Idee! Ich rufe sie an. Ich habe noch nie telefoniert, seit – seit ich blind bin. Ich gehe ins Wohnzimmer, an der Wand entlang in den Flur. Das Telefon steht auf einem kleinen Schränkchen, das dicke Telefonbuch liegt daneben. Telefonbuch. Ich nage auf meiner Unterlippe herum. Die Nummer, ich habe keine Ahnung, was für eine Nummer sie haben. Meine Hand tastet über den Hörer. Ich nehme ihn ab.

Tüüüt – tüüüt – tüüüt.

Langsam gleitet mein Zeigefinger über die runde Drehscheibe von Loch zu Loch, Zahl zu Zahl. Telefonauskunft. Aber die Nummer weiß ich auch nicht. Ich will nicht aufgeben. Mein Finger dreht eine Zahl – das Freizeichen verstummt – noch eine, eine dritte, vierte, fünfte. Es klickt, wieder ein Freizeichen. Mein Herz klopft. Ich warte. Jemand nimmt den Hörer ab.

»Ja, hallo, hier Pfister«, eine Frauenstimme.
Ich halte die Luft an. Sag was, sag doch was! Ich bringe kein Wort raus.
»Hallo! Wer ist denn da!«
»Ich . . .« Ich huste. »Bitte, ich möchte gern etwas fragen, können Sie mir vielleicht sagen, wie . . . Das Telefonbuch, ich hab's verloren . . .«
»Dann suchen Sie es!«
Eingehängt! Mistkuh! Ich werde wütend und wähle wieder eine Nummer, irgendeine. Freizeichen, aber niemand nimmt ab. Ich lege auf, hebe ab und wähle eine neue Nummer, Besetztzeichen. Bei der nächsten Nummer meldet sich wieder eine Frauenstimme: »Gebrüder Seilbinder, guten Tag.«
»Guten Tag«, ich verzuckere meine Stimme, »entschuldigen Sie bitte die Störung, aber ich habe eine große Bitte.

Wir wohnen noch nicht lange hier, und ich habe kein Telefonbuch. Könnten Sie mir bitte die Nummer der Auskunft sagen?«

Lachen.

»Ja natürlich. Moment mal ... 011!«

»Oh, vielen Dank!«

Erster Sieg. Mit dieser Nummer kann ich jede andere Telefonnummer herausfinden. Ich wähle: einmal das unterste Loch und zweimal das erste oben. Nach dem ersten Freizeichen meldet sich eine Mädchenstimme.

»Auskunft, Platz 13!«

»Guten Tag. Ich hätte gern die Nummer von Kolbe. Den Vornamen weiß ich nicht. Aber sie wohnen in der Hubertusstraße.«

»Kolbe, Hubertusstraße. Einen Augenblick bitte. Da habe ich nur einen Dr. Franz Kolbe, Hubertusstraße 18.«

»Ja, das stimmt.«

»Das ist die Nummer 27 78 09.«

»Oh, bitte, können Sie es noch einmal langsam sagen.«

Sie wird ungeduldig, aber sie tut es.

27 78 09. Ich lege auf und wähle neu.

Sehr vorsichtig. Die Zwei, Drei, Vier, Fünf, Sechs, Sieben. Da! Zweimal die Sieben, gleich daneben die Acht, zwei weiter die Null, stimmt, das letzte Loch, eins zurück die Neun. Ich schnaufe erleichtert auf und horche auf das Freizeichen.

Das dauert ja ewig!

Tüüüt – tüüüt – tüüüt. Und wenn sie nicht zu Hause ist? Was dann? Ich beiße wütend auf meiner Unterlippe herum. Niemand da!

In dem Moment wird der Hörer abgenommen.

»Ja?«

Ich ziehe erschrocken die Luft ein. Das ist nicht Hanne. Eine Männerstimme. Ich habe mich verwählt. Oder ihr Vater? Aber der arbeitet doch um die Zeit. Heinz? War das Heinz? Wie soll ich eine Stimme wiedererkennen, wenn einer nie den Mund aufmacht. Einhängen. Ich hänge nicht ein. Aber ich sage auch nichts.

»Hallo?«

Ich lausche fasziniert in den Hörer hinein. Auf der anderen Seite lacht jemand.

»Wer ist denn da? Ich kann hören, daß da jemand ist!«

Albern, ich bin wirklich albern! Ich frage: »Ist dort Kolbe?«

»Ja, am Apparat. Wen möchten Sie denn sprechen?«

»Hanne. Ich meine, ist sie zu Hause?«

»Leider nein. Kann ich etwas ausrichten? Wer ist denn dort?«

»Grote, Ilse Grote. Vielleicht kann sie mich mal anrufen, wenn sie kommt.«

»Wird ausgerichtet.«

»Danke, auf Wiedersehen.«

»Halt, hängen Sie doch nicht gleich ein, vielleicht ...«

Ich hänge auf, bevor er den Satz zu Ende sprechen kann. Mist. Ich möchte bloß wissen, wo die sind. Im Schwimmbad wahrscheinlich. Ich bin wütend, obwohl ich weiß, daß ich sowieso nie ins Schwimmbad mitgehen würde, in das Gewimmel. Ich weiß auch, daß Hanne mir nur deshalb nichts davon sagt, weil sie weiß, daß ich dann traurig wäre. Traurig? Eingeschnappt bin ich. Eingeschnappt, weil die anderen nicht die ganze Zeit auf mich Rücksicht nehmen und sich meinem Leben anpassen – Blindenleben. Und weil ich weiß, daß ich aus einem völlig blöden Grund eingeschnappt bin, werde ich wieder wütend, wütend auf mich. Ich bin in richtig rosiger Stimmung.

Als ich auf die Veranda zurückgehe, stolpere ich über irgend etwas. Es fällt um, ich gebe ihm noch einen Fußtritt – der Papierkorb. Zufrieden denke ich an all die Papierschnitzel, die jetzt auf dem Boden liegen. Da können sie mal sehen, wie das ist, wenn sie mich allein lassen.

Im nächsten Moment hocke ich am Boden und stelle den Korb wieder auf und taste nach dem Papier. Natürlich hätten sie es wieder schweigend und geduldig für mich getan und daran gedacht, daß sie eine blinde Tochter haben oder Schwester. Ich will nicht. Ich will doch. Ich kann kein Papier mehr finden und stehe auf. Meine Stimmung ist nicht gerade besser geworden.

Als ich bei der Verandatür bin, läutet die Glocke an der Haustür. Ich bleibe stehen. Ohne mich. Das hat mir gerade noch gefehlt. Sicher wieder mal ein übergeschnappter Nachbar oder die Kohlenrechnung. Nein, ich gehe nicht hin.

Vorsichtig taste ich mich zu meinem Liegestuhl, ziehe das Badetuch zurecht und lege mich in die Sonne. Das

Radio steht neben mir, ich schalte es ein und suche mir einen Sender mit Musik. Es läutet noch einmal.

Ich stelle das Radio lauter, damit ich es nicht mehr hören kann. Soll es doch läuten!

Klaviermusik, ich vergesse das Klingeln und das Telefon. Ich kenne das Stück. Es paßt großartig.

»Die Wut über den verlorenen Groschen.«

Tam tatatam.

Meine Finger machen die Bewegungen mit, schneller, schneller . . .

»Hallo, da bin ich!«

Ich schrecke hoch. Ich habe nichts gehört, keine Schritte, nichts. Plötzlich ist dicht neben mir eine Männerstimme.

»Tut mir leid, wenn ich Sie erschreckt habe. Spielen Sie ruhig weiter, das geht ja wie gelernt!«

»Ja, ohne Klavier. Wer sind Sie überhaupt?«

Ich stelle das Radio leiser und höre, daß der Kerl sich einfach auf die Verandamauer setzt.

»Wir haben doch eben miteinander telefoniert!«

Ich zerre an meinem Badetuch und wickle mich hinein.

Er lacht.

»Sie haben ja eine unwahrscheinliche Farbe. Neben Ihnen bin ich bleich wie ein Leintuch.«

»Ist das Ihr Name? Leintuch?« Ich wundere mich über mich selbst.

»Oh, Verzeihung«, er lacht wieder, »Peter Kolbe ist mein werter Name.«

»Drum.«

»Was heißt drum?«

»Ich hatte mich vorhin am Telefon schon gewundert, seit wann Heinz so viel spricht!«

»Haben Sie denn nicht gemerkt, daß es nicht Heinz sein kann?«

»Wie soll ich die Stimme von einem Kerl kennen, der nie den Mund aufmacht?«

»Das werde ich ihm sagen!«

»Nein, bloß nicht!« Ich werde rot, aber vielleicht sieht man es nicht, weil ich so braun bin. Zu irgend etwas muß die Farbe ja gut sein. Er sagt: »Übrigens waren Sie selber ja auch nicht gerade gesprächig.«

»Was haben Sie denn erwartet? Einen Vortrag über Kunstdünger?«

Er lacht schon wieder. Das Lachen ist ansteckend wie Grippe. Ich muß ja schön ausgesehen haben: ölglänzend mit einem riesigen Sonnenfahrrad im Gesicht und Beethoven in die Luft hämmernd.

Ich höre auf zu lachen. Im Radio kommt irgendeine Ansage, ich schalte es aus. Er lacht auch nicht mehr.

»Sie haben wohl keine Ahnung, wo Heinz und die anderen sind?«

»Wie sollte ich?«

»Na ja, klar. Ich vermute, die sind allesamt zum Bahnhof gefahren, um mich abzuholen. So ein Pech. Ich bin per Autostopp gekommen. Und das ganze Haus ist leer.«

»Herzlich willkommen!«

»Ich bin bereits getröstet. Ist Andreas da?«

»In der Stadt. Er wollte sich eine Hose kaufen.«

»Kann ich hier auf ihn warten?«

Das klingt nicht wie eine Frage. Ich antworte auch nicht. Er sitzt auf der niedrigen Mauer, Papier knistert.

»Stört es Sie, wenn ich rauche?«

»Nein«, ich schüttle den Kopf. Er hantiert mit irgendwelchen Dingen herum, ein Streichholz zischt auf. Es riecht nach Honig; Tabak, der wie Honig riecht.

»Das riecht ja herrlich!«

»Mögen Sie's? Das freut mich. Es ist englischer Tabak, eine ganz besondere Mischung, die ich in Bombay entdeckt habe. Ich mag ihn gern, aber ich weiß nicht so genau, ob er mir wirklich besser schmeckt als die anderen oder ob ich ihn als etwas sentimentale Erinnerung rauche.«

»Bombay«, sage ich leise. Der Name zerfließt auf der Zunge. »Vermutlich ist es dort gar nicht so, wie der Name klingt.«

»Für mich klingt er so, wie die Stadt ist: fremd, groß und laut. Faszinierend auf den ersten Blick, entsetzlich auf den zweiten. Eine winzig kleine, sehr reiche Schicht und daneben eine unvorstellbare Armut. Und dann ... Na, das interessiert Sie sicher nicht.«

»Doch, natürlich. Schließlich haben Sie doch das getan, was jeder gern tun würde, heimlich. Sie sind doch der Seemann, oder?«

Er lacht.

»Das wissen Sie also schon. Na ja, ich bin das schwarze Schaf der Familie.«

»Immer noch?«

»So etwas haftet. Außerdem entziehe ich mich dem Familienschoß ja noch immer, sooft es geht.«

Er erzählt.

Wie er weglief, nach Hamburg trampte und auf einem Segelschoner anheuerte. Er beschreibt die Fahrten, die Farben, die Häfen: New York, Rio, Kalkutta, Singapur, Hongkong und immer wieder das Schiff.

»Ein Dreimaster, sie hieß *Gefion*. Moment, ich hab' doch ein Foto dabei.« Seine Stimme ist nah bei mir: »Hier, sehen Sie ...« Er bricht ab.

»Oh, bitte verzeihen Sie, ich bin ein alter Esel. Heinz hat es mir ja mal irgendwann geschrieben, ich hab's vergessen ... Bitte, seien Sie mir nicht böse, ja?«

Böse, wieso soll ich ihm böse sein, weil er mich wie einen normalen Menschen behandelt hat. Aber jetzt, daß er jetzt schweigt ...

Ich höre wieder den Rasensprenger im Nachbargarten, die Bienen, ein Auto hupt irgendwo weit weg. Der Pfeifentabak riecht noch immer nach Honig. Dann kommt der scharfe Geruch nach Asche dazu. Er klopft die Pfeife an der Mauer aus. Steht er auf? Geht er weg? Ich möchte sein Gesicht sehen.

»Na ja, und irgendwann habe ich es dann eingesehen«, sagt er, seine Stimme ist unverändert.

»Die Romantik der alten Segelschiffe ist vorbei. Wir reisen ja heute auch nicht mit Postkutschen durch die Welt. Dann bin ich ein Jahr auf einem Tanker gefahren. Indischer Ozean, Suez, Panamakanal, herrlich. Aber Maschinen, Technik, Nüchternheit. Einmal muß man ja erwachsen werden. Ich wußte eines Tages, daß ich Architekt werden wollte: Häuser, Wohnungen für Menschen, Schulen, Städte. Ich wollte etwas schaffen.« Er lacht.

»Klingt groß, wie? Also Ende der Seefahrt. Reumütige Heimkehr, verlorener Sohn, Kalb geschlachtet. Paar Rührungstränen, paar Ermahnungen und noch mal zwei Jahre Schulbank. Praktikum auf dem Bau, Mauern, Betonmischen und dann TH: Höhere Mathematik, Statik, Perspektive, Baustoffchemie und Entwerfen. Spaß macht's. Ich rede wie ein Buch, wie?«

Ich will antworten. Im gleichen Moment springt er auf.

»Ach du liebe Zeit, das ist ja schon so spät. Sicher sind die alle schon längst vom Bahnhof zurück und machen sich Sorgen. Ich werde mal lieber rübersausen. Vielleicht kann Andreas anrufen, wenn er heimkommt.«

»Ja, ich werd's ihm sagen.«

»Fein. Und wir treffen uns morgen bei meiner Party.«

»Aber ich ...«

»Party ist zuviel gesagt. Einfach eine gemütliche Fête.«

»Ja, ich ...«

»Andi bringt Sie mit.«

»Nein, ich komme nicht.« Jetzt ist es draußen.

»Aber wieso nicht? Hat Hanne Ihnen etwa nicht Bescheid gesagt?«

»Doch schon, aber ...«

»Also kommen Sie auch. Da gibt es kein Aber.« Er stockt plötzlich, und seine Stimme kommt wieder näher. »Oder ... Oder ist es, weil ... Sind Sie mir doch noch böse?«

»Ach wo, natürlich nicht, es ist nur ...«

»Dann kommen Sie auch. Ich bin froh, daß Sie mir meine Dummheit nicht übelnehmen. Und ich bin froh, daß Sie morgen kommen. Nur machen Sie nicht so ein schrecklich ernstes Gesicht. Abgemacht?«

Ich spüre seinen Händedruck so fest, daß mir die Hand noch wehtut, als er schon längst wieder verschwunden ist.

Die Party

Es ist sehr ruhig im Haus, wenn die Zwillinge nicht da sind. Der runde Eßtisch ist plötzlich zu groß, nur Mutti, Andi und ich. Bald – genau gesagt, morgen früh – fährt auch Andreas weg.

»Dann machen wir es uns so richtig gemütlich«, sagt Mutti, »nur wir zwei.«

»Prima«, sage ich und denke an Onkel Frick.

Wir frühstücken. Es ist zehn Uhr. Mutti und Andreas schlafen in den Ferien lang. Alles ist friedlich. Es duftet nach frisch aufgebrühtem Kaffee. Andreas hat frische Brötchen geholt. Es gibt Butter und Honig. Draußen scheint die Sonne.

»Ille, mach doch nicht so ein Winter-Gesicht!« sagt Andreas mit vollem Mund.

Ich versuche zu grinsen.

Für ihn ist die Party natürlich nicht weiter aufregend. Wenn ich nur daran denke, bleibt mir das ganze Essen im Hals stecken.

Ich trinke noch eine Tasse Kaffee.

Es läutet zweimal an der Haustür. Andreas steht auf und geht hinaus.

»Die Post«, sagt er, als er zurückkommt. »Nicht zu fassen, ein echter, richtiger Brief von Mick und Martin.«

»Gib her, es wird doch nichts passiert sein?«

Mutti liest vor:

»Liebe Familie! Wir sind bestens angekommen, ohne Panne. Gestern war Sturm, da haben wir in der Jugendherberge übernachtet. Heute Zelt in den Dünen aufgebaut. Windschutz! Tommi und Mick holen gerade Milch im Dorf, ich muß inzwischen schreiben. Gestern habe ich mich mit Tommi gerauft. Unser Räder hatten sich verhakt, wir flogen alle drei hin, und Mick kippte in den Graben. Die haben hier überall Gräben zwischen den Wiesen. Alles naß. Das Wasser in Micks Graben stank fürchterlich, Mick jetzt auch. Nur zehn Mark sind nicht mehr zu finden. Das Essen ist großartig. Wir kochen immer Nudeln, Pastaschuta nennt Tommi das. Aber ohne Tomaten, die sind zu teuer. Der Reis wurde neulich ganz anders als zu Hause. Beim ersten Pams, beim zweitenmal kleine, steinharte Körnchen. Mache ich nicht wieder! Wegen dem Baden brauchst du keine Angst zu haben, Mutter, es gibt einen Bademeister. Bei Ebbe wollen wir zur Sandbank rüber, Meerleuchten. Tommi hat sich den Fuß verknackst. Wir machen ihm kalte Umschläge, es stört ihn kaum, weil er sowieso die meiste Zeit schläft. Überall klebt der Sand. Ganz fein, in den Ohren, in den Hosentaschen und im Essen. Man gewöhnt sich an, ganz vorsichtig zu kauen. Knirsch. Vorhin war ein Gewitter. Zelt hält aber prima trocken. Jetzt Sonne. Wir sind sparsam. Nur zweimal Eis gegessen. Mick trocknet immer noch seine duftenden Sachen! Puh, war das ein langer Brief!   Viele Grüße Euer Martin!«

Meerleuchten. Ich werde so etwas nie sehen, niemals, nie eine Zeltfahrt machen, nie.

»Was ist da noch für ein Brief?« fragt Mutti. Andreas blättert in einer Zeitung.

»Das andere sieht alles nach Reklame aus.«

»Was ist denn das hellblaue da, mit dem gelben . . .« Sie bricht plötzlich ab, ihre Stimme verändert sich. Ich höre, wie ihr Fingernagel den Umschlag aufreißt, ein Blatt Papier herauszieht und auffaltet. Andreas ist still. Sie sind beide so still.

»Was ist denn?« frage ich.

»Von Dr. Werner«, sagt Mutti. »Er schreibt sehr nett.«

»Wer ist denn das?« frage ich, und im gleichen Augenblick erinnere ich mich wieder. Dr. Werner, der Leiter der Blindenschule. »Nein«, sage ich leise. »Nein!«

»Hör doch mal, was er schreibt.«

»Ich will es nicht hören!« Ich stoße mich wütend vom Tisch ab. Etwas klirrt. Es riecht nach Kaffee und nassem Stoff. Ich habe meine Tasse umgestoßen. Mutti steht schweigend auf und geht in die Küche. Ich hocke mich in die Ecke auf den Boden. Andreas steht auf, bleibt einen Moment stehen und sagt dann: »Ich geh' zu Heinz und Peter rüber. Letzte Besprechungen.«

Er geht weg. Mutti räumt den Tisch ab, bringt das Tischtuch hinaus und kommt zurück. Sie spricht erst wieder, als alles vorbei ist.

»Na, das Tischtuch war sowieso fällig.«

»Es tut mir leid«, sage ich.

»Das spielt keine Rolle.«

Wir schweigen.

Mutti raucht. Ich rieche die Zigarette. Ein leichter, frischer Geruch, fast wie Heu. Ich denke an Honig.

»Du wirst auf die Blindenschule gehen«, sagt Mutti. Ich ziehe den Kopf zwischen die Schultern. So hat sie noch nie mit mir gesprochen, höchstens mit Mick oder Martin.

»Du wirst hingehen«, sagt sie noch einmal, »weil es notwendig ist. Du bist jetzt sechzehn, fast schon siebzehn. Seit über zwei Jahren warst du nicht mehr in der Schule. Du brauchst geregelten Unterricht, und zwar von Fachlehrern.«

»Aber das kannst du doch auch«, sage ich leise.

»Ich bin Lehrerin, aber keine Blindenlehrerin.« Sie hat das gräßlich Wort noch nie so offen ausgesprochen — uns so hart. Ich fange an zu weinen. Aber Mutti kümmert sich nicht darum. »Wir haben es ja versucht. Es ist doch nichts dabei herausgekommen. Vorlesen, merken, nacherzählen. Das geht nicht. Vor allem mußt du die Blindenschrift lernen. Louis Braille hat ein so großartiges Punktsystem erfunden, es gibt Bücher, Schreibmaschinen, alles. Und du sitzt hier und willst nicht.«

»Ich bleibe hier!« sage ich bockig.

»Im September wirst du hinfahren.«

Sie erzählt. Ihre Stimme ist jetzt wieder weich. Sie sitzt neben mir auf dem Teppich, den Arm auf meiner Schulter. Louis Braille war ein Franzose, er wurde selbst als kleines Kind blind. Damals gab es nur wenige Bücher für Blinde. Sie bestanden aus schweren Platten mit geschnitzten Holzbuchstaben oder Buchstaben, die aus dickem Tuch geschnitten und aufgeklebt wurden. Louis Braille war Lehrer an einer Pariser Blindenschule und erfand eine neue Schrift. Sie wird noch heute von allen Blinden in der ganzen Welt benützt, und es gibt alle wichtigen Bücher in dieser Schrift. Sie besteht aus kleinen Punkten, die in das Papier gestanzt werden und die man auf der Rückseite mit dem Finger fühlen kann. Für jeden Buchstaben und für jede Zahl gibt es diese Punkte, verschieden in Anordnung und Menge.

Mutti gibt mir ein Stück festes Papier in die Hand.

»Fühl mal, das ist das Blindenalphabet.«

Meine Finger tasten widerwillig über die winzig kleinen Höcker, ich kann sie kaum spüren.

»Deine Fingerkuppen werden so empfindlich werden, daß du genausoschnell lesen kannst wie ein sehender Mensch; jedenfalls fast so schnell. Aber du mußt jetzt anfangen, je eher, desto besser.« Pause, dann: »Du willst es doch, nicht wahr? Du willst doch unabhängig werden, einen Beruf ergreifen, lesen?«

»Ich will hierbleiben!«

»Aber Ille, du kommst doch immer wieder her, in den Ferien und wenn die Schule vorüber ist.«

»Ich will nicht weg, ich will nicht!«

»Dr. Werner schreibt, es wäre jetzt nach den Sommerferien besonders günstig, weil die Schule gerade wieder neu anfängt.«

»Mutti, laß mich doch hierbleiben. Jetzt ist es grade schön hier.«

Sie antwortet nicht. Ich höre, daß sie aufsteht, im Zimmer herumgeht, aufräumt, in der Küche drüben das Wasser aufdreht. Ich höre es in einen Topf plätschern, das Geräusch verändert sich, er ist voll. Dann wieder ihre Stimme.

»Ille, hast du dir schon überlegt, was für ein Kleid du heute abend anziehen willst?« Ich schweige.

Mutti kommt wieder ins Wohnzimmer. Ich höre ihre Schritte und stehe schnell auf. Ich bin schon auf der Veranda, als sie mich einholt.

»Ich finde den Leinenrock mit dem blauen Pulli besonders chic.«

»Ich will ja gar nicht hingehen!«

»Nur den Rock muß ich dir noch ein bißchen über-bügeln.«

»Ich geh' nicht, ich geh' nicht!« Ich habe gebrüllt. Muttis Stimme wird munter: »Ah, jetzt hast du dich verraten. Im Grunde genommen möchtest du auf die Party gehen, aber du hast Angst. Stimmt's?«

Ich sage nichts.

»Also, es stimmt. Weißt du was? Wir denken jetzt mal nicht an die Angst, sondern nur daran, wie lustig so eine Party ist. Einverstanden?«

Ich hole tief Luft.

»Einverstanden!«

Der Tag vergeht im Nu. Ich habe die Angst vergessen und helfe Mutti in der Küche. Handtücher und Taschentücher nach dem Bügeln zusammenlegen, Hemden in die Schränke hängen, Johannisbeeren putzen. Ich probiere drei Kleider an, Mutti spielt Publikum, es bleibt doch bei dem Leinenrock und dem Pulli. Der Rock hängt jetzt an dem Schlüssel meiner Schranktür, der Pulli liegt über dem Bett. Alles ist fertig. Wir essen Abendbrot. Andreas geht hinauf in sein Zimmer, wir hören seine Schritte über uns. Im gleichen Augenblick ist die Angst wieder da.

Ich geh' nicht hin, denke ich und ziehe meinen Pulli an und den Leinenrock. Ich hab' einfach keine Lust, denke ich und kämme mich. Mein Haar ist wieder lang, fast lang, bis knapp auf die Schultern.

»Nein, ich komm' doch nicht mit«, sagte ich laut, als ich Klopfen an meiner Tür höre.

»Hör zu, Ille«, es ist Andreas, »ich bin ja wirklich nicht

gerade schwach gebaut, aber wenn ich dich nicht mit-
bringe, dann bekomme ich es mit Heinz und Peter zu
tun, und das ist zuviel für mich.«
Die Tür geht auf. Mutti kommt herein. Ich erkenne ihre
Schritte, und ich rieche Parfum. Sie hat Parfum benützt.
»Ich bleibe hier bei Mutti«, sage ich.
»Ich gehe ja selber weg«, sagt sie leise, »Onkel Frick
spielt heute mit seinem Quartett.«
Aha, Parfum, Quartett.
»Dann komm' ich da mit. Das ist mir sowieso lieber als
diese blöde Party.«
»Blödsinn!« Andreas steht plötzlich neben mir, packt
meinen Arm. »Komm, wir sind sicher schon die letzten!«
»Hier hast du einen eigenen Hausschlüssel.« Mutti steckt
mir etwas Klirrendes in die Tasche. »Viel Spaß!«
Andreas zieht mich mit, hinaus in den Garten, in dem es
nach frühem Abend riecht und nach frisch gemähtem
Gras. Andreas redet, ohne Luft zu holen.
»Daß Hanne und Ruth kommen, weißt du ja, Heinz auch
und natürlich Peter. Heinz ist groß, ein bißchen rundlich
mit einem Babygesicht und dunkelblonden Drahtlocken.
Er zieht sich gern ›korrekt‹ an und hat einiges im Kopf,
der geborene Wissenschaftler. Peter ist sogar noch ein
Stück größer, hager, aber muskulös, mit dunklen Haa-
ren, etwas tiefliegenden Augen und breiten Backenknochen. Außerdem kommen noch Bernd, der ist Dekorateur
in Hannes Firma und spielt Saxophon. Alfred, der Grafi-
ker werden will, geht in Ruths Klasse und kommt mit
seiner Schwester Inge und seiner Freundin Karin. Alf hat
einen wunderschönen dichten Vollbart.«
Das Gartentor quietscht, wir sind auf der Straße. Ein
Radfahrer kommt an uns vorbei, ich spüre den leichten
Fahrtwind und höre das Knirschen der Gummireifen auf
dem Schotter. Wir sind drüben auf der anderen Seite,
gehen ein Stück nach rechts und bleiben stehen.
»Halt mal«, sagte Andreas und drückt mir eine Wein-
flasche und einen Stoß Langspielplatten in die Hand.
»Moment mal, dieses Patent funktioniert auch nie.«
Andreas versucht das Tor zu öffnen, dann scheint es zu
klappen, er nimmt mir die Flasche wieder ab; wir gehen
über einen Kiesweg, drei Stufen nach oben. Wir stehen
vor einer Haustür.

Andreas läutet. Gleich darauf Schritte, die Tür wird aufgerissen, und Hannes Stimme: »Na endlich, ihr seid wirklich die letzten. Vermutlich, weil ihr so weit weg wohnt.« Sie nimmt mich am Arm und führt mich.

Es riecht nach Zigaretten. Eine Tür geht auf. Musik quillt uns entgegen, Stimmen, Gelächter.

Ich will stehenbleiben.

Hanne zerrt mich weiter. Sie redet auf mich ein. Ich höre kein Wort. Eine Hand legt sich kurz auf meine Schulter. Ich weiß, daß es Andreas ist. Wir sind drin. Ein großer Raum, die Fenster oder Türen sind offen, es riecht nach Garten und Sommerabend.

Plötzlich bin ich mitten drin. Fremde Hände drücken meine Hand, fremde Stimmen sagen irgendwelche Begrüßungsworte, Lachen, Stimmen, Musik.

Es ist dunkel. Ich habe Angst vor dieser Dunkelheit, in der nur ich nichts sehen kann, in der sie mich alle anstarren, meine Sonnenbrille sehen.

Hanne läßt mich plötzlich los, jemand anderer nimmt meinen Ellbogen und führt mich zu einer niedrigen Bank.

»Fein, daß Sie gekommen sind.«

Peter. Ich rieche seinen Honigtabak und spüre seinen Pullover. Wir sitzen zwischen Ruth und Heinz auf der einen Seite und Andreas und Karin auf der anderen.

»Wir haben das Wohnzimmer ausgeräumt«, sagt Peter leise, »die Verandatüren sind offen, draußen ist es schon ziemlich dunkel, hier drin brennen vier dicke Bienenwachskerzen.« Er lacht. »Es ist also nicht nur mein Tabak, der nach Honig riecht. Wir sitzen hier auf der linken Seite direkt an der Wand. Der Plattenspieler ist links neben Heinz, dann kommt die Fensterwand, vor uns ein niedriger Couchtisch, überladen mit Wein-, Bier-, Colaflaschen und Aschenbechern, und auf der anderen Seite sitzen Hanne, Inge, Bernd und Alfred. Ich weiß nicht, ob Sie die schon kennen.«

»Noch nicht.«

Jemand drückt mir ein volles Glas in die Hand: Rotwein mit Selters. Beatmusik.

Die anderen tanzen. Der Boden schwankt im Rhythmus. Eine neue Platte. Die anderen setzen sich wieder hin. Flaschen und Gläser klirren, plopp, eine Colaflasche wird aufgemacht, es gluckert in ein Glas.

»Mögen Sie tanzen?«

»Nein, ich kann's nicht!«

»Aber das macht doch nichts!«

»Nein!«

Er drängt nicht. Ruth erzählt eine Geschichte von ihrem Lehrer, der sich seinen hellgrauen Anzug mit blauer Farbe eingefärbt hat, und Hanne macht ihren Chef nach, der immer so spricht, als ob er einen Knödel im Mund hat.

»Ja, spielen wir irgendwas!« ruft jemand. Peter neben mir erklärt leise.

»Das war Inge.«

Er sagt mir die ganze Zeit über, was geschieht, was die anderen tun, und wer spricht, wenn es jemand ist, dessen Stimme ich noch nicht kenne.

»Ja, was wollen wir spielen? Ideales Brautpaar?«

»So ein Bart!«

»Kindisch!«

»Lieber ›Sohn des Millionärs‹!«

»Nein, keine Denkerei am späten Abend!«

Sie lachen.

Peter sagt: »Das war Alf«, oder »Karin«, »Inge«.

Ich kenne jetzt auch die fremden Stimmen. Die Gesichter, die dazu gehören, sehen vor meinen Augen anders aus, als sie in Wirklichkeit sind. Sie vermischen sich mit den Gesichtern meiner früheren Schulfreunde und werden immer selbständiger, je länger ich die Stimme kenne. Die Stimme von Alfred ist tief und voll. Ich stelle ihn mir groß und breit vor. »Wie sieht Alf aus?« frage ich Peter.

»Mittelgroß, aber ziemlich dick.«

Und Bernd? Er hat eine hohe Stimme, sie klingt wie Blech.

»Wie sieht Bernd aus? Dünn?«

»Dürr wie eine Latte!« bestätigt Peter. Ich freue mich.

»Kartoffeltanz!« schlägt Bernd vor.

»Scharaden!« Das war Karin.

»Das ist doch nichts«, meint Alfred. Sie legen eine neue Platte auf.

»Außerdem kann Ilse da nicht mitspielen.«

Das war Ruth. Sie hat es in einem ganz normalen Tonfall gesagt, und die anderen schweigen nicht. Einer sagt: »Klar«, jemand anderer: »Schon wieder ›San Francisco‹! Wer legt denn das da immer wieder auf?«

»Wie geht denn ›Sohn des Millionärs‹?« fragt jemand.
Ich merke verwundert, daß ich das bin. Meine Stimme, sie klingt so fremd wie die anderen.

»Ganz einfach«, sagt Hanne, und Peter erklärt: »Einer von uns ist ›Sohn des Millionärs‹. Er ist ein bißchen dumm, aber lernwillig. Der Lehrer bevorzugt ihn, weil er ja der Sohn des Millionärs ist, und versucht ihn mit lauter Krücken immer auf die richtige Antwort zu schubsen. Die anderen sind die Mitschüler.«

»Machen wir's doch mal!«
Das war schon wieder ich. Ich beuge mich vor. Andreas ruft: »Macht die Musik etwas leiser!«

»Auslosen, wer der erste Sohn ist«, sagt Alfred.

»Was haben die anderen zu tun?« frage ich wieder.

»Die müssen mitraten, und wer rausbekommen hat, um was es geht, darf auch Hinweise geben. Wer's als letzter weiß, ist der neue ›Sohn‹.«

»Hier ziehen!« Jemand hält mir eine Faust entgegen. Meine Finger tasten darüber. Sie fühlen eine Reihe spitzer kleiner Hölzer, die aus den Fingern hervorragen wie ein winziger Zaun. Ich ziehe ein Hölzchen hervor. Es ist abgebrochen.

»Ille ist der erste ›Sohn‹!« verkündet Andreas.
Die andern fangen an zu tuscheln. Dann sagt Heinz: »Gut, ich bin der Lehrer. Hanne, wo ist denn das Lexikon?«

»Ach, der sucht jetzt wieder was Superschweres raus«, sagt Karin. Dann kommt wieder die Stimme von Heinz.

»Illerich«, sagt er, und die andern lachen. »Ruhe bitte in der Klasse!« Die Stimme von Heinz klingt so wie die Stimme von Hannes Chef, die sie uns vorhin vorgemacht hat. Wir lachen schon wieder.

»Ruhe bitte! Ruthus, du bist nicht dran!« Wieder Gebrüll. Ich lerne Heinz von einer neuen Seite kennen.

»Also, Illerich, kannst du mir sagen, was ist eine Pica pica?«
Alles prustet los.

»Was? Eine was?« schreit Hanne.

»Ruhe! Ich werde alle Schüler rauswerfen, die nicht ruhig sind!«

»Au ja!« brüllen alle begeistert. Heinz läßt sich nicht aus der Ruhe bringen.

»Also, Illerich, was ist eine Pica pica?«

»Was soll ich jetzt sagen«, frage ich hilflos. »Ich habe keine Ahnung!«

»Sehr gut!« sagt Heinz, »großartig!« Die anderen lachen. Ruth flüstert mir hörbar zu.

»Ein Eispickel!«

»Ruthus, ein Verweis! Also Illerich, was meinst du bitte?«

»Ich? Piekwaffe!« schlage ich vor.

»Großartig, wirklich schlau. Eine Piek, wie sagtest du?«

»Eine Gabel!« ergänze ich.

»Hervorragend, eine Gabel. Und was tust du mit einer Gabel?«

»Essen!«

»Wunderbar. Und was? Zum Beispiel knusprigen ... Na?«

»Schweinebraten!«

»Sehr schön, ja. Was für Braten ist noch knusprig?«

»Hühnchen!«

»Ganz wunderbar! Was für Vögel gibt es noch?«

»Vögel? Eine Pica pica ist also ein Vogel?«

»Wunderbar, ganz hervorragend!« lobt Heinz mit seiner knödeligen Lehrerstimme. Wir spielen weiter. Nach und nach stellt sich heraus, daß eine Pica pica eine Elster ist. Dann ist Hanne der »Sohn« und dann Bernd.

Die Zeit vergeht. Wir spielen wieder Platten. Die Mutter von Hanne, Heinz und Peter bringt uns belegte Brote herein. Wir essen.

Und dann passiert es.

Irgend jemand, ich glaube, es ist Karin, sagt: »Sag mal, Bernd, hast du nicht deine Tüte dabei?«

»Ja«, die andern rufen durcheinander. »Klar, Bernd soll was spielen!«

»Das ist doch nichts ohne Begleitung«, sagt er.

»Du kannst ja zu Platten spielen«, schlägt Alfred vor.

»Das geht nicht richtig.«

Und dann sagt Ruth plötzlich: »Mensch, spiel doch mit Ille!«

Sie starren mich an. Es ist plötzlich ganz still, und alle starren mich an. Ich kann es spüren, daß sie mich anstarren.

»Kannst du denn spielen?« fragte die Stimme von Bernd. Dann räuspert er sich. »Oder Sie, meine ich, Entschuldigung.«

»Quatsch, wir duzen uns doch alle!« sagt Hanne mit einer Stimme, die keinen Widerspruch duldet.

Uns – ich gehöre dazu.

»Ich kann nicht viel«, sage ich leise.

»Das ist ja vielleicht eine Untertreibung!« sagt Ruth.

»Wir haben dich ›Ol' Man River‹ auf der Blockflöte spielen hören, so was hab' ich überhaupt noch nie erlebt!«

»Aber ich hab' doch keine Flöte hier!«

»Du spielst doch auch Klavier! Komm, setz dich hin! Spielt was zusammen, ja?«

»Bitte!« rufen die anderen, und auch Peter neben mir sagt leise: »Bitte, ich würde es gern hören.«

»Klar, komm!« Bernds Stimme ist mit einemmal dicht vor mir, eine Hand nimmt meinen Arm. Im nächsten Moment sitze ich vor den Klaviertasten.

»Ich kann nicht viel«, sage ich.

»Kannst du ›Massachusetts‹?« fragt Bernd.

»Aber nicht besonders.«

»Fangen wir mit ›Ol' Man River‹ an, das mag ich auch.«

Er gibt mir den Ton, ich fange an zu spielen, und nach und nach vergesse ich die anderen. Bernd spielt wirklich wunderbar, seine Töne sind unheimlich klar, und er kommt ganz hoch hinauf, improvisiert und überläßt mir die Begleitung.

Und dann spiele ich plötzlich allein.

Alles ist still. Ich spiele, und ich weiß, daß ich gut spiele. Sie hören mir zu. Sie sitzen rund um das Klavier und hören mir zu und sehen mich an.

Im gleichen Moment, in dem ich das denke, verwirren sich meine Finger. Ein halber Ton falsch, ein Zwischenton zu langsam.

Sie sehen mich nicht an, sie starren.

Ich will schneller spielen, komme ganz aus dem Rhythmus. Ich höre, wie neben mir Bernd das Saxophon hebt und wieder absetzt. Plötzlich springe ich auf und lasse den Deckel auf die Tasten knallen.

Ich hab's euch ja gleich gesagt, daß ich nichts kann! will ich schreien, aber ich bringe keinen Ton hervor. Auch die anderen schweigen. Neben mir spüre ich die frische Luft durch die offene Verandatüren hereinströmen. Ich taste mich hin, spüre unter meinen Füßen eine Stufe und bin draußen.

Ich laufe, stolpere und falle hin. Ich bin allein, stehe wieder auf, taste mich zur Hausmauer und nach vorn. Ich will weg, raus, mir ist alles egal.

Mein Knie stößt an etwas Hartes, ich falle wieder. Jemand packt mich, reißt mich hoch.

Es ist Andreas.

»Was hast du denn, komm wieder rein!«

»Laß mich in Ruhe!«

»Aber Ille, was ist denn los! Na, komm schon!«

Ich versuche mich loszureißen, er hält mich fest.

»Geh weg, ich will heim! Ich hab' die Nase voll von eurer Party! Ich bin kein Kalb mit zwei Köpfen oder sonstwas zum Anglotzen!«

Er sagt nichts mehr. Fast grob bringt er mich zum Gartentor und über die Straße bis zu unserem Garten. Die Angeln quietschen. Andreas läßt meinen Arm los.

»Warum bist du weggerannt?«

»Weil sie mich alle angestarrt haben!« Ich schniefe durch die Nase und suche mein Taschentuch.

»Kein Mensch hat dich angestarrt! Keiner! Niemand hat auch nur drangedacht, dich anzustarren.«

»So was spür' ich doch!«

»Bildest du dir ein, meinst du wohl. Du darfst dich nicht immer für interessanter halten, als du bist.«

»Laß mich in Ruhe!« Ich gehe über den Kiesweg zum Haus. Er kommt hinter mir her. Es ist sehr still, seine Schritte erscheinen mir wie das Trapsen eines Ungeheuers.

»Du hast dich benommen wie ein kleines Kind, wie ein albernes kleines Baby. Keiner hat doch erwartet, daß du spielen kannst wie ein ausgefuchster Pianist. Mein Gott, soll dir denn immer einer das Händchen halten?«

»Du sollst mich endlich allein lassen!« schreie ich.

»Genau das tue ich auch.«

Seine Schritte gehen wieder weg. Ich bin allein.

Meine Finger zittern so, daß ich fast den Hausschlüssel fallen lasse, bevor ich die Tür aufbekomme. Sie ist nicht nur eingeschnappt, sondern abgeschlossen. Ich lasse sie hinter mir zufallen. Wums.

»Mutti!«

Ich habe geflüstert. Trotzdem scheint mir das Echo aus den Winkeln des Hauses zu antworten.

»Mutti! Mutti!«

Ich rufe laut. Niemand antwortet. Das Haus ist leer.
Im Wohnzimmer schlägt die Uhr. Bong – bong – bong.
Ich zähle mit, es ist zwölf Uhr.
Mitternacht.
Und ich bin ganz allein. Alle lassen mich allein. Ich gehe
in mein Zimmer, ziehe mich aus und lege mich ins
Bett. Ich weine. Es dauert unendlich lange, bis ich einge-
schlafen bin.

Herzliche Grüße

Die Räder singen.
Auf dieser Strecke haben sie ganz moderne Züge und
Schienen mit Schweißnähten. Es rattert nicht mehr
rattatatt – rattatatt – rattatatt, nur ein gleichmäßiges
Singen retengteng – retengteng – retengteng. Angeblich
schafft die Lok über 200 Stundenkilometer, auf gerader
Strecke, versteht sich. Mir ist das egal. Von mir aus
könnte sie dahinschleichen wie eine alte Postkutsche.
Am liebsten wäre mir, sie würde ganz stehenbleiben.
Wir sind allein im Abteil, Onkel Frick und ich. Keiner
spricht. Er hat ein paarmal angefangen, von diesem
modernen Zug erzählt oder die Landschaft draußen beschrieben.
Ich antworte nicht, und jetzt sagt er auch nichts mehr.
Sie haben nichts mehr von der Party gesagt, weder am
nächsten Tag noch irgendwann danach. Mutti hat auch
nicht gefragt, ob es nett war, darum weiß ich, daß Andreas
ihr alles erzählt hat. Aber sie hat auch keine Bemerkung
über ihn gemacht. Nur, daß er mich schön grüßen läßt.
Es war schon fast Mittag, als ich aufwachte. Natürlich
war Andreas schon weg, abgereist nach Italien, zusammen mit Heinz und Peter. Ich hätte mich ohrfeigen können. Ich könnte es heute noch, wenn ich daran zurückdenke.
Hanne und Ruth fuhren zwei Tage später nach Mitten-
wald, und zur gleichen Zeit kamen Mick und Martin
heim. Das Haus war wieder voll. Überquellende Ruck-
säcke, verbeultes Geschirr, Seeigel, Sand und versteinerte

Muscheln, Stimmen, Gelächter, Leben. Sie erzählten von ihren Abenteuern, von Bootsfahrten zum nächtlichen Fischfang, Wattwanderungen, Krebsefangen, hohen Sanddünen und vom Angeln.

Sie gingen mit mir zum Schwimmen oder zu Onkel Frick, sie lasen mir vor oder übten mit mir unregelmäßige Verben oder Kopfrechnen.

Dann kamen die ersten Karten von Andreas aus Florenz mit Kirchen, Klosterhöfen und mächtigen Palästen, dem Baptisterium, der alten Taufkirche, in der schon Dante getauft wurde, mit einer Turmkuppel von goldenen Mosaiken. Dann: Pinien, Olivenbäume mit graugrünen Blättern, Weingärten oder kleine Städte, bunte Sonnenschirme, Märkte, Plätze, Blumen, eine Karte aus Rom, eine Karte aus Tarquinia mit den etruskischen Grabstätten.

»Haben sie echte Leichen gefunden?« fragt Mick.

»Ich meine, von den alten Etruskern.« Er fragt es ganz teilnahmsvoll.

Wir lachen. Die nächste Karte ist für mich. Mutti liest sie vor.

Sie ist sehr nett. Kein Ton von der Party. Ein Reisebericht, ein Satz über Peter: Er weiß ja toll Bescheid in der alten Baukunst. Und quer am Rand eine Zeile: Herzliche Grüße, Peter

Mit Mutti hatte ich ein Gespräch »von Frau zu Frau«. Ich wußte es ja gleich, als sie so anfing, aber ich hab' nichts gesagt. Sie und Onkel Frick wollen heiraten. Nicht jetzt, irgendwann im nächsten Jahr. Sie hat mir eine ganze Menge erzählt, und ich habe mich verständnisvoll gegeben. Ich habe so getan, als ob es mir nichts ausmacht und als ob ich volles Verständnis hätte – Verständnis. Als ob es darum geht. Und ich? Davon habe ich gar nicht angefangen.

Und dann war wieder dieses Wort da. Blindenschule. Aber diesmal habe ich nicht widersprochen. Ich habe auch nicht geheult, obwohl mir danach zumute war.

Alle sind mit zum Bahnhof gekommen. Die Ferien sind aus, Mutti muß auch wieder in die Schule, Onkel Frick konnte sich freinehmen.

»Du bist ja bald wieder da!« haben mich die Zwillinge getröstet. »Bald ist Weihnachten, und da hast du Ferien, und wir schreiben dir auch jede Woche einen Brief, großes Ehrenwort!« – Einen Brief, den ich nicht lesen kann.

Das Geräusch der Räder verändert sich. Wir fahren durch einen Bahnhof, aber der Zug hält nicht. Weiter.

Mutti und Röschen haben drei Tage lang gewaschen und genäht. Mein Name mußte auf jedes Kleidungsstück, auf jedes Taschentuch. Ich will nicht weg! Laßt mich doch dableiben! Bahnhof, fremde Stimmen, Menschen. Ich denke an den Frühling, an Schwester Beate und an den Professor. Damals bin ich nach Hause gefahren.

»Wir sind gleich da.« Onkel Frick steht auf und holt meinen Koffer aus dem Gepäcknetz.

Jetzt würde ich gern mit ihm sprechen. Aus. Wieder Bahnhof, Lärm, ein Taxi.

Ich versuche mich an Onkel Frick festzuklemmen. Er klopft mir beruhigend auf den Rücken.

Die Stimme einer Frau.

»Ich bin Sofie Rehak und heiße Sie im Namen von Herrn Dr. Werner und unserer ganzen Schule herzlich willkommen. Sie werden sich hier bestimmt schnell einleben, Ilse. Am Anfang haben Sie natürlich Sehnsucht nach Ihrer Mutter und den Geschwistern, aber ich verspreche Ihnen, das wird sich bald geben. Alle unsere Schüler fühlen sich bei uns sehr wohl, und wir alle freuen uns, Sie nun bei uns zu haben. Die Blindenschule will Ihnen helfen, ein zufriedener und lebenstüchtiger Mensch zu werden.«

Die Stimme ist ernst. Ich höre, wie jemand Onkel Frick meinen Koffer abnimmt. Onkel Frick umarmt mich.

»Leb wohl, Kind. Mach's gut!«

Er ist weg. Sie nehmen mich mit. Ein langer Gang, unter uns Steinplatten, eine Tür, neue Gänge.

»Ilse, das ist Helga. Sie ist Helferin bei uns und wird sich jetzt um dich kümmern.«

Die Hand von Helga ist rund und fest, ihre Stimme jung. Sie führt mich hinaus, durch einen Garten, in ein anderes Gebäude.

»Die Schule ist riesengroß. Wir haben eigene Werkstätten, ein Modellmuseum und Sportplätze.«

Ich trotte stumm und taub neben ihr her.

»Das alles ist jetzt am Anfang natürlich ein bißchen verwirrend, aber wir haben ein Modell von der ganzen Anlage. Alles ist genau nachgebildet zum Aufklappen mit kleinen Möbeln und Türen. Sie können alles anfassen und so kennenlernen.«

Treppen hinauf und hinunter. Unsere Schritte klappern über den Steinboden. Überall sind Menschen, Erwachsene und Kinder. Sie laufen herum, sie reden, lachen und spielen. Jungen, Mädchen, ein Ball rollt vor meine Füße. Blinde Kinder? Kinder, die gern hier sind? Die sich hier wohl fühlen? Die alles kennen? Ich beneide sie.

Auf der rechten Seite knattert ein Motor. Es stinkt nach Benzin.

»Robert mäht den Rasen«, sagt Helga, »er ist einer von den großen Schülern, er will Gärtner werden.«

Dann ist Robert auch blind oder fast blind?

Eine neue Tür, es ist plötzlich ruhig.

»Das ist von heute an Ihr Zimmer.«

Ich stoße mit dem Schienbein gegen einen Stuhl und setze mich drauf. Er steht neben dem Bett, meinem Bett.

Helga packt meinen Koffer aus und hängt die Sachen in den Schrank, meinen Schrank.

»Ich komme gleich wieder«, sagt sie und geht hinaus.

Ich bleibe auf dem Stuhl hocken. Wie groß ist das Zimmer? Sind noch andere Betten drin?

Die Tür wird aufgerissen. Mädchenstimmen kommen herein. Plötzlich ist das Zimmer voll.

»Hallo, bist du die Neue?«

»Guten Tag.«

»Herzlich willkommen in unserer Bude.«

Wieviel sind es? Drei, vier?

Sie sind zu dritt. Das Zimmer hat vier Betten. Sie sagen mir ihre Namen. Heike, Uschi und Gerda. Ich sage ihnen, daß ich Ilse heiße, mehr nicht. Sie reden durcheinander, sie bewegen sich sicher im Zimmer hin und her.

Ich habe Angst.

»Wie alt bist du?«

»Wo kommst du her?«

Ich sitze auf meinem Stuhl und sage nichts.

»Laß sie, die ist sauer.«

»Heimweh vielleicht.«

Ich denke an Mutti, Andreas, die Zwillinge, Mick und Martin.

Jetzt sitzen sie alle um den runden Tisch, Abendessen.

Wieder geht die Tür auf. Die anderen drei rufen begeistert: »Holla!« und »Nur hereinspaziert!« Jemand nimmt meine Hand.

»Guten Tag, Ilse. Ich bin Karin Helm, eine Lehrerin.

»Kommt alle, wir gehen in den Speisesaal, es muß gleich läuten.«

Ich stehe auf. Draußen im Flur klingelt es. Wir gehen zusammen durch Gänge in den Garten, wieder ein Haus, Gewimmel, Schritte, Stimmen.

Der Speisesaal muß ein riesiger Raum sein. Mit vielen Tischen, mit vielen Menschen. Von allen Seiten strömen sie herein. Es muß mehrere Türen geben. Mädchen sind da, Jungen, Erwachsene, Lehrer, Lehrerinnen, Helfer.

»Hier, an diesem Tisch wirst du essen.«

Ich taste nach einem Stuhl und setze mich hin. Der Tisch ist groß und schwer, blank gescheuertes Holz.

»Außer dir sind noch sieben Mädchen an dem Tisch.«

Mir ist schlecht. Ich habe Kopfschmerzen. Neue Stimmen, Namen: Elfi, Ingrid, Monika, Katrin. Ich vergesse alles sofort wieder. Teller klappern. Wo sind die Mädchen aus meinem Zimmer? Ich habe eine Gabel in der Hand. Es riecht nach Tomatensuppe. Ständig erzählen sie mir etwas. Alle essen hier zusammen im großen Speisesaal, bis auf die Lehrer, die haben einen kleineren Raum. 21 Lehrer und Lehrerinnen sind es. Drei davon sind blind wie wir. Die kleinen Kinder haben ein eigenes Kinderhaus, in dem sie wohnen und lernen. Für uns gibt es Schulhaus, Wohnhaus ...

»Iß doch, Ilse«, es ist Helgas Stimme, »schmeckt es dir nicht?«

Ich lege die Gabel weg und nehme den Löffel. Aber ich kann nicht essen. Ich kann es einfach nicht.

Ich habe Angst.

Ich liege im Bett. Ich habe mich zur Wand gedreht und die Decke über den Kopf gezogen. Sollen sie denken, daß ich schlafe. Ich kann nicht schlafen. Ich habe Kopfschmerzen. Wie spät ist es? Ich will sie nicht fragen. Es ist egal. Ich weine.

Sie erzählen von ihren Ferien, Heike, Uschi und Gerda, von ihren Eltern, von der Schule, von Röcken, die sie im Handarbeitsunterricht aus buntem Stoff nähen. Wie kann man nähen, wenn man blind ist?

Sie haben mich gefragt, wie lange ich schon blind bin und

warum ich erst jetzt in die Schule komme. Ich habe nichts gesagt. Sie sind alle schon länger da, Heike sogar schon immer. Sie hat keine Eltern, sie bleibt auch in den Ferien hier. »Das ist hier mein Zuhause.«

Ich kann es mir nicht vorstellen. Ich denke an Mutti und heule noch mehr. Jetzt ist es ja dunkel.

Ist es wirklich dunkel? Hat jemand das Licht ausgeschaltet? Oder gibt es hier gar kein Licht?

Helga kommt noch einmal herein.

»Gute Nacht, schlaft gut. Schlaf gut, Ilse.«

Ich schlafe überhaupt nicht. Angst.

Je länger ich hier bin, desto schlimmer wird es. Tage, Nächte.

Kopfschmerzen.

Neue Räume, immer wieder Menschen, Geräusche, Stimmen. Ich kenne mich nicht aus, ich finde mich nicht zurecht. Ich weiß nicht mehr, wo mein Schrank ist. Ich habe meinen Kamm verloren.

»Ilse, hier ist dein Schrank.«

»Halt, ich habe deinen Kamm gefunden!«

»Hier sind deine Schuhe.«

»Komm, ich helfe dir.«

Mir kann niemand helfen. Ich will heim.

Sie bringen mich zum Frühstück. Sie bringen mich in eine Schulklasse. Immer wieder neue Menschen. Es ist ein Alptraum.

Aber ich wache nicht auf.

Ich sage ja oder nein. Das ist alles.

»Warum sagst du keinen Ton? Wir wollen dir ja helfen, aber wenn du stur bist . . .«

Ich will reden, ich bringe nur keinen Ton heraus. Mein Kopf tut so weh. Ich bin müde.

Die erste Lesestunde: Helga hat mich in die Klasse gebracht. Neben mir sitzt ein Junge, er ist im Stimmbruch. Namen, die ich sofort wieder vergesse. Vor mir liegt ein Buch mit großen festen Blättern.

Meine Fingerspitzen sollen über die winzigen Punkte tasten.

»Das ist ein Lesebuch für Späterblindete. Denn ihr konntet ja alle früher schon lesen. Ihr kennt die Worte, das Alphabet. Ihr habt schon Rechtschreibung und Grammatik gelernt . . .«

Ich konnte einmal lesen.

Meine Finger können die einzelnen Punkte nicht unterscheiden. Sie sitzen so dicht beieinander. Sechs Grundpunkte gibt es. Links oben ist a, links oben und links Mitte ist b, links oben und rechts oben c. Nein, das ist unmöglich. Im Garten rattert der Rasenmäher von Robert. Die schrille Glocke läutet, Mittagessen. Ich habe keinen Hunger, mein Kopf dröhnt.

Vor dem Fenster flötet eine Amsel. Ich denke an unser Haus, an die anderen. Ich liege im Bett und kann mir einbilden, daß ich zu Hause in meinem richtigen Zimmer liege. Gleich kommt Röschen, es duftet nach Kaffee, über mir rumoren die Zwillinge.

Nein, das ist Heike. Sie wirft ihre Schulmappe in die Ecke und pfeift gräßlich falsch und laut.

»Komm mit, Ilse, in die Turnhalle.«

Ich schweige.

»Na komm schon, Völkerballturnier.«

»Nein!« sage ich grob.

»Aber es ist doch nicht schwer«, Uschi ist auch im Zimmer. »Wir haben einen Ball mit einem Glöckchen drin. Du kannst immer hören, wo er gerade ist.«

Ich drehe mich auf den Bauch.

Fräulein Helm kommt herein. Sie bleibt neben meinem Bett stehen.

»Ilse, du mußt es lernen, dich in die Gemeinschaft einzufügen. Du mußt es wenigstens versuchen.« Es klingt vorwurfsvoll. Ich weiß nicht, wieso die anderen alle so begeistert von ihr sind.

»Du mußt wollen.«

Nein, ich will nicht.

Im Krankenzimmer ist es still und friedlich.

Ich bin krank.

Ich bin wirklich krank. Ich habe Fieber. Der Arzt kommt jeden Morgen und gibt mir eine Spritze. Die Krankenschwester heißt Müller. Sie bringt mir Zwieback, Tee und Honigmilch.

Frau Rehak kommt morgens und abends.

»Geht es dir besser, Ilse?« fragt sie. Plötzlich sagen sie alle du zu mir. Es ist mir egal.

Heike, Uschi und Gerda besuchen mich, Fräulein Helm und Helga auch. Ich schlafe den ganzen Tag.

Und dann ist plötzlich Mutti da.
»Mein kleines, dummes Kerlchen«, sagt sie, »was machst du denn nur für Geschichten.«
Alles ist wieder gut.
In drei Tagen darf ich mit ihr nach Hause fahren.

Der grüne Daumen

Es ist Herbst.
Ich war so lange weg. Jetzt bin ich wieder hier, und es ist Herbst.
Die Nacht ist kühl, und am Morgen sind im Garten die Büsche und das Gras und die hohen Dahlienstauden naß vom Tau. Aber der Tag ist warm und voller Sonne.
Die Dahlien blühen und die Astern, ein paar späte Sommerblumen. Unser Garten muß toll aussehen.
»So leuchtend und üppig wie in diesem Jahr blüht es selten im September«, sagt Mutti.
Aber Herbstblumen duften nicht, auch späte Rosen nicht.
Die leuchtenden Farben sind nur Farben. Für einen Blinden existieren sie nicht.
Noch weiß ich, was Farben sind, wie sie aussehen. Ich will es nicht vergessen. Ich versuche jeden Tag, mir den Garten vorzustellen: Gelbe Dahlien, rote; Sonnenblumen gold und braun. Die Astern weiß und rot und violett, und rund um das Haus dunkelrotes Weinlaub, die goldgelben Blätter der Kastanie und Muttis hellblauer Rittersporn.
»Wenn man den Rittersporn kurz schneidet und ein bißchen pflegt, dann blüht er im Herbst wieder«, sagt Mutti.
»Und wenn man die glückliche Hand hat«, sagt Onkel Frick, »den grünen Daumen.«
Onkel Frick ist jetzt oft bei uns. Sie lachen.
»Schade, daß sich der grüne Daumen nicht auch auf Kinder auswirkt.«
»Wieso nicht? Deine Kinder wachsen dir doch alle über den Kopf.«
Es klang ganz heiter, aber ich weiß, daß sie an mich denkt.
Ich gehe zum Apfelbaum. Andreas hat Stützen unter die herunterhängenden Zweige gestellt. Ich will glücklich sein.

Vielleicht hat Mutti mich ja gar nicht gemeint. Warum nicht Mick und Martin? Ihre Zeugnisse waren miserabel. Sie haben hoch und heilig Fleiß und Besserung geschworen, und jetzt haben beide wieder ihre ersten Fünfer mit heimgebracht, der eine in Mathe, der andere in Latein.

Ich hole die reifen Äpfel.

»Wie machst du das bloß«, staunt Mick, «ohne hinzusehen?«

Es ist leicht. Ich fühle an der Schale, ob ein Apfel reif ist, und dann löst er sich auch ganz leicht vom Ast.

Seit ich wieder zu Hause bin, sind meine Fingerspitzen empfindlich. Sie waren es schon in der Schule, aber ich wollte es nicht bemerken. Ich darf bis zum Frühjahr hierbleiben.

Keiner spricht von meiner Krankheit und von der Schule. Aber ich denke dran, immer wieder.

»Begleitest du mich heim, Ille?« Onkel Frick steht neben mir, und dann gehen wir zusammen zu seiner Wohnung.

Wenn ich Klavier spiele, dann vergesse ich die Schule und alles andere. Ich spiele jetzt immer leichter, nicht mehr so hart und abgehackt, nicht mehr so verkrampft. Ich lerne immer mehr, und manchmal klingt es schon fast wie bei Onkel Frick. Und die Noten bleiben in meinem Gedächtnis; auch lange Stücke.

». . . wenn man es nur versucht, dann geht's!« zitiert Onkel Frick Wilhelm Busch, und ich ergänze: ». . . das heißt, mitunter, doch nicht stets.«

»Trotzdem, den allerschwersten Anfang hast du überstanden.«

Und dann spielt er ein kleines Menuett von Johann Sebastian Bach, das dieser für seine Frau Anna Magdalena geschrieben hat. Ich sitze im Lehnsessel am Fenster.

»Die Apassionata«, bitte ich ihn, »von Beethoven.«

Er spielt.

Er ist nicht mehr mein Onkel Frick. Zu ihm passen Menuette oder Orgelmusik. Die Musik ist heftig, leidenschaftlich. Oder kenne ich ihn gar nicht richtig? Kenne ich nur einen Teil von ihm?

Er hört auf. Es ist sehr still. Draußen das Gurren der Tauben, eine Fahrradklingel.

»Diese Sonate mußte ich deiner Mutter oft vorspielen. Damals schon, als sie kaum älter war als du jetzt.«

Ich will etwas sagen. Ich will mit ihm sprechen. Aber ich schweige.

Es läutet Sturm. Mick und Martin holen mich ab.

Wir haben den halben Weg hinter uns, als es anfängt zu regnen. Wir kommen klitschnaß zu Hause an. Röschen ist entsetzt und versorgt uns mit trockenen Kleidern und heißem Tee. Ihr macht es Spaß, wenn sie eine Gelegenheit hat, so für ihre Küken zu sorgen. Martin heizt den Kamin an, wir sitzen im Wohnzimmer und hören Platten.

Mutti kommt herein und scheucht die beiden an ihre Hausaufgaben.

Ich setze mich an die Schreibmaschine.

Das ist das Neueste. Ich lerne schreiben, blindschreiben. Andreas hat eine alte klapprige Schreibmaschine aufgetrieben und die Tasten für mich markiert. Ich weiß, daß es in der Blindenschule bessere Maschinen gibt, mit zusätzlichen Teilen und Einstellungen. Aber jetzt bin ich hier, und ich will schreiben.

Die ganze Familie paßt auf, ob ich es richtig mache.

»Prima«, sagt Mick.

»Nur drei Fehler!« meint Martin.

»Falsch, Ille!« »Großartig, Ille!« »Phantastisch!«

»Ich hab' das doch gleich gesagt«, sagt Röschen zufrieden, »unsere Ille kann zu Hause alles genausogut lernen!« Mit raschelnder Schürze stapft sie in die Küche hinaus.

Ich höre auf zu schreiben.

Sie hat nicht recht. Ich kann es hier nicht genausogut lernen, und alles schon gar nicht. Ich mache alles falsch.

»Mutter, wir flitzen mal kurz zu Tommi, klar?«

»Nein, nichts ist klar.«

»Aber es hat doch aufgehört zu regnen.«

Ich spanne ein neues Blatt ein und übe weiter. Mutti zieht sich an.

»Ich muß noch in die Stadt. Ihr hattet doch etwas versprochen, oder?«

»Wir sind doch schon fertig mit den Aufgaben, Ehrenwort!«

»Ich meine den Holzhaufen im Garten.«

Die zwei schweigen. Seit Tagen wird von dem Holz gesprochen, seit wir mit dem Heizen angefangen haben, ein riesiger Haufen trockener Äste und Zweige im Garten, die Mick und Martin zersägen und kleinhacken sollen.

»Aber die sind doch jetzt naß!«

»Keine Spur, seit wann regnet es in den Schuppen rein? Macht euch gleich an die Arbeit. Wenn ihr fertig seid, bekommt jeder drei Mark.«

»Drei Mark, Donnerwetter!« Die Zwillinge schwanken.

»Ille gibt euch das Geld, wenn ihr fertig seid. Aber ordentlich arbeiten und alles sorgfältig im Keller aufstapeln.«

Mutti geht fort, die Zwillinge arbeiten im Garten. Ich übe.

»So, fertig, Ille!« Sie stehen vor mir.

»Das ist doch unmöglich, so schnell!«

»Doch wirklich!«

»Der ganze Haufen? Alles zersägt und auch sauber aufgestapelt? Das glaube ich nicht!«

»Aber Ehrenwort! Wir haben alles geschafft!«

»Geschuftet wie die Raben!«

»Und sogar noch den Keller gefegt!«

»Wirklich alles okay!«

Ich gebe jedem drei Mark.

»Danke. Wir brauchen's nämlich dringend.« Weg sind sie.

Am Abend sitzen wir alle um den runden Tisch.

Mutti, Röschen, Andreas, Mick und Martin und ich. Es läutet an der Haustür, und Andreas geht hinaus.

»Komm doch mal, Mutter«, seine Stimme klingt sonderbar. »Da ist Herr Schulz.«

Mutti geht hinaus. Wir horchen. Schulz ist unser Nachbar, der rechte Nachbar.

»Garten ...« hören wir. »... Am Zaun ... heute nachmittag ... Mindestens zwei Körbe voll ...«

»Michael, Martin, kommt einmal her!«

»Na, die haben ja ein verflixt schlechtes Gewissen!« sagt Andreas.

»... Sofort morgen früh«, höre ich Muttis Stimme, »noch vor der Schule! Ihr solltet euch schämen! Bitte, entschuldigen Sie vielmals, Herr Schulz!« Die Haustür klappt, Mutti kommt empört zurück, von Mick und Martin ist nur ein leichtes Stuhlrücken zu hören.

»Haben diese Bengel die ganzen dürren Zweige doch einfach über den Zaun geworfen, in den Nachbargarten!«

Von den Zwillingen kommt kein Ton. Es ist, als ob sie gar nicht im Zimmer wären.

»Nur aus Faulheit! Aber das Geld habt ihr euch von Ille geben lassen!«

Ich habe ihnen das Geld gegeben.

Ich wußte ja nicht, warum sie so schnell fertig waren. Ich konnte es ja nicht überprüfen, weil ich blind bin. Sie haben mich belogen. Es ist leicht, einen blinden Menschen zu belügen.

»Ille, hör doch auf zu weinen!« Mutti versucht mich zu trösten. »Sie haben es doch nicht so gemeint!«

»Bestimmt nicht, Ille! Entschuldige bitte!«

Sie sind zerknirscht. Sie tun mir leid. Aber ich weine doch gar nicht, weil sie mich angelogen haben. Ich weiß, daß sie nicht darüber nachgedacht haben. Aber später? Jeder wird mich anlügen können. Ich werde nie wissen, was die Wahrheit ist.

Wir essen weiter. Schweigend. Die Gabeln und Messer klirren.

»Bitte, das Salz!«

»Kannst du mir mal die Butter geben?«

»Danke. Willst du noch Wurst?«

Eine prächtige Stimmung.

Und ausgerechnet in diesem Augenblick sagt Andreas: »Ha, ich hab' ja eine Überraschung für Ille, Mensch, fast hätt' ich's vergessen!«

»Du lügst«, sage ich und muß grinsen, »ich hör's dir doch an der Stimme an. Du hast gar nichts vergessen, du traust dich nicht raus damit!«

»Erraten!« Andreas stöhnt theatralisch. Die anderen lachen.

»Was ist es denn?«

»Raus damit!«

»Euch geht das gar nichts an, nur Ille!«

»Was denn, ich platze vor Neugier!«

»Also«, Andreas macht eine kunstvolle Pause, alles hält den Atem an. »Also, wir gehen in einen Tanzkurs.«

»Wer?«

Ich sage überhaupt nichts. Ich hätte es gleich wissen müssen, daß es so etwas ist.

»Heinz, Hanne und Ille und ich.«

»Ich denke gar nicht dran!«

»Du bist aber schon angemeldet!« Triumphierend.

»Und wenn ihr euch auf den Kopf stellt, ich mache so was nicht noch einmal mit! Nie wieder!« Ich renne hinaus und schließe mich in meinem Zimmer ein.

Tanzkursus

Es geht also wieder los.

Hanne hat auf mich eingeredet wie auf einen müden Gaul. »Ille, du brauchst doch keine Angst zu haben, ich bin doch dabei, die ganze Zeit über. Da kann überhaupt nichts passieren!« Andreas ist wütend geworden.

»Sieh doch ein, daß wir es gut mit dir meinen! Was hat das denn damit zu tun, daß du nicht sehen kannst, du tanzt doch mit den Beinen, oder? Und die Musik hörst du mit den Ohren und nicht mit den Augen! Du bist ein Mädchen wie alle andern und nichts Besonderes. Willst du denn dein ganzes Leben daheim hocken?«

Sogar Heinz hat den Mund aufgemacht.

»Du mußt, Ilse. Bestimmt, du mußt einfach.«

Mutti ist am Abend noch bei mir im Zimmer. Sie sitzt auf meiner Bettkante.

Zuerst redet sie über alles mögliche: neue Wohnzimmervorhänge, einen ihrer Schüler, der mit dem Fahrrad unter ein Auto gekommen ist und im Krankenhaus liegt, Röschen, die Zwillinge mit ihren miserablen Noten. Aber dann kommt es doch: »Ille, so geht es nicht weiter. Du kannst nicht immer alles den anderen überlassen, dem Arzt, deinen Geschwistern, mir. Wir alle wollen dir helfen, nur du willst es nicht. Es ist jetzt sechs Monate her, seit du es weißt. Und ich weiß am besten, daß es sehr schwer ist, glaub mir doch. Aber du läßt dich nur gehen, anstatt zu kämpfen. Ich weiß doch, daß du kein Mitleid willst. Aber du mußt es uns auch zeigen. Zeig uns, daß du's schaffst, daß du dein Leben in die Hand nimmst, auch wenn du blind bist.« Sie lacht plötzlich. »Wenn nichts Schwereres von dir verlangt wird, als in eine Tanzstunde zu gehen ...«

Irgendwann habe ich »ja« gesagt. Schön, ich gehe, ich will ja gehen. Und jetzt regt sich die ganze Familie auf. Röschen berichtet von ihrer ersten Tanzstunde, eine Cousine von ihr sitzt seit drei Tagen in unserem Wohnzimmer an der Nähmaschine und näht für mich einen Rock und ein »Kocktehlkleid«, wie sie sagt. Sie hinkt etwas. Tap-bum, tap-bum macht es, und ihre Stimme ist dünn und zittrig. Aber nähen kann sie. Mutti sagt, wie es werden soll, und jeder macht Vorschläge. Ich muß es dann anziehen.

»Das macht Freude«, sagt sie. Die Nähmaschine surrt.
»Für einen jungen, schlanken Menschen zu nähen. Sonst
brauche ich die dreifache Stoffmenge!« Sie kichert. »Schön
werden Sie aussehen, wunderschön! Da werden sich die
jungen Herrn aber drängen!« Es klingt ein bißchen weh-
mütig. Mick hört das Wort »Herren« und meckert.
»Nicht so lang! Viel kürzer!« sagt Martin. »Ille ist doch
keine achtzig!«
»Sieht nicht schlecht aus, unsere Schwester, wie?« überlegt Mick.
Hanne und Ruth kommen vorbei und geben ihren Senf
dazu. »So eine Steppnaht finde ich chic.«
»Doch nicht bei so einem Kleid.«
»Ein umwerfendes Blau!«
Nur mich läßt es kalt – bis es soweit ist. Dann ist die
Angst wieder da, aber Andreas weicht nicht von meiner
Seite. Am ersten Abend regnet es. Kalter, herbstlicher Nie-
selregen. Mutti, Röschen und die Zwillinge kommen mit
zum Gartentor und wünschen uns viel Spaß, und Andreas
hat sogar einen Regenschirm, sonst als Weiberkram ver-
achtet.
Vorsichtig führt er mich um Wasserpfützen herum über
die Straße. Heinz und Hanne kommen. Sie nehmen mich
in die Mitte.
Plötzlich ein Geräusch, ein Motorrad! Es rast direkt auf
uns zu. Ich fahre zusammen – es ist schon vorbei. Nichts
ist passiert.
»Ille, was ist denn?« Andreas drückt meinen Arm. Mein
Herz rumpelt so, daß ich zuerst gar nicht reden kann.
»Das Motorrad«, sage ich endlich. »Es kam direkt auf uns
zu!«
»Aber nein, es war auf der anderen Straßenseite!«
Ich kann es nicht glauben. Mir ist kalt.
»Das Echo«, sagt Heinz nachdenklich. »Es verändert
sich durch den Regen.«
Eine gute Erklärung. Mir hilft sie nichts.
»Wir sind gleich da«, sagt Hanne.
»Da ist es ja schon: K. Johanny. Privater Tanzklub. Unter-
richt in allen gebräuchlichen Tänzen.«
»Was heißt denn K.? Konrad?«
»Oder Kuno?«
»Nein, Kasimir!«

Sie lachen und raten herum. Ich sage gar nichts. Andreas und Hanne passen auf mich auf.

»Vorsicht, Stufe!«

Eine Tür knarzt, ein Gang, der nach Bohnerwachs riecht, und dann: »Eine Treppe, Ille, zwölf Stufen.«

Andreas muß die Stufen schon vorher für mich abgezählt haben.

»Andreas?«

»Ja?«

»Ach, nichts.« Ich habe Angst.

Ich kann schon Musik hören. Ein altersschwaches Klavier röchelt einen Walzer. Schuhe schleifen über Parkettboden, eins und zwei und drei.

Eine neue Tür, und dann bin ich plötzlich mitten drin im Lärm. Die Musik bricht ab, eine Sekunde lang ist es völlig still, und dann kommen die Stimmen, unzählige Stimmen, Schritte, Stühle quieken über den Boden, Gelächter.

In diesem Augenblick hasse ich sie alle zusammen, wie sie da miteinander flüstern und tuscheln und kichern und lustig sind; sogar Heinz und Hanne und auch Andreas. Mutti, meine eigene Mutter, die mich gezwungen hat hierherzugehen. Tanzkurs. Ein blindes Mädchen lernt tanzen. Lächerlich! So lächerlich, daß es zum Heulen ist.

»Komm, Ille!« Hanne zieht mich mit. Ich merke, daß Heinz und Andreas fort sind. »Wir müssen rüber zu den anderen Mädchen.« Hanne bleibt dicht bei mir. »Mensch, da vorn, eine dicke Nudel im lila Spitzenkleid. Die hat sich im Jahrhundert geirrt.« Wir machen einen Bogen. Flüsternde Stimmen werden noch leiser, tuscheln hinter mir her. Stichworte. Worte, die stechen. »Sonnenbrille . . . Die affige Ziege . . . Ob die wohl? . . . Oder Blind? . . . Blind . . . Blind . . . Blind . . . Na, hör mal . . . Also ehrlich . . . Was will die hier . . . Blind . . .« Meine Phantasie ergänzt einzelne Laute zu Worten, Worte zu Sätzen. Sätze zu Gedanken. Aber Hanne läßt mir keine Zeit.

»Großer rechteckiger Saal, auf einer Wand gelbgetönte Spiegel, an den Wänden künstliche Blumen. Stil: Großmütterleins Nähkästchen. Der Knabe hinter dem Klavier glänzt. Der hat wohl seine Locken mit ranziger Butter eingefettet. Sind etwa fünfundzwanzig Paare im ganzen, so zwischen fünfzehn und – hoppla, der Opa ist bestimmt schon seine dreißig; gelichtetes Haupthaar!« Sie kichert.

»So«, sagt eine fremde Stimme dort irgendwo, wo eben noch das Klavier gespielt hat, »so, meine Damen und Herren, und nun weiter im Wiederholungsprogramm!«

»Was weißt, Wiederholung?« zische ich Hanne zu. Sie tut, als ob sie mich nicht gehört habe.

»Der Kerl, der da grade redet, ist Meister Johanny selber. Sieht aus, als möchte er gern aussehen wie de Sica!« Sie kichert wieder.

Etwas schnurrt über das Parkett, Hanne schiebt mich auf einen Stuhl.

»Setz dich hin, wir haben ein kleines Tischchen auf meiner Seite, aber ich bleibe dich neben dir.«

»Ich will wissen, was der mit Wiederholung meinte!« sage ich noch einmal.

Hanne klappert mit ihrer Handtasche und kramt geräuschvoll drin herum. Der Mann beim Klavier redet weiter.

»Natürlich ist Tango heute eine alte Kamelle, aber ich habe nun einmal eine Schwäche dafür, und weil Sie ihn alle schon einmal gelernt haben, sollen Sie ihn jetzt auch beherrschen.«

»Was heißt das, zum Donnerwetter! Schon gelernt haben!«

»Ja, weißt du«, Hanne räuspert sich, »weil doch im Anfängerkurs immer nur so grüne Jungen sind, da haben wir uns gedacht . . .«

»Nein!«

»Na ja, doch, ein Fortgeschrittenen-Kurs ist doch in jedem Fall interessanter, auch für dich.«

»Bring mich heim, sofort!« Ich stehe auf. »Ihr habt mich angelogen!«

»Hör doch auf, Ille«, Hanne zerrt mich wieder auf den Stuhl runter, »alle schauen schon her!«

»Das ist mir völlig schnuppe. Ich will weg!«

»Hallo, Hanne«, eine fremde Mädchenstimme. Hannes Stimme ist überlaut.

»Grüß dich, das ist Ille. Ille, das ist Ursel Hermann aus meiner ehemaligen Klasse. Fräulein Johanna Becker«, sie kichern, fremde Hände packen meine, schütteln sie. Neue Namen: Herr Wiesner, Herr Baumeister, Klaus Roth, Renate Linde, Felix Mair ohne e. Statt dem e hat er eine ganz schmale Hand, so schmal wie ein Mädchen. Dann ist er wieder weg. Ein Gesicht hat er nicht. Niemand von ihnen hat ein Gesicht. Die Namen rasen vorbei, ich verbinde nichts mit ihrem Klang.

»Morgen beschreib' ich sie dir ausführlich!« flüstert mir Hanne zu. »Jetzt kommt Meister Johanny persönlich!«

»Guten Tag, Fräulein Grote«, die Stimme, die eben gesprochen hat, beugt sich zu mir herunter, nimmt meine Hand. »Ich freue mich ganz besonders, daß Sie an unserem Kurs teilnehmen.« Er läßt meine Hand los, sie riecht jetzt nach Seife. Ich muß grinsen. Hanne stupst mich in die Seite.

»Meine Damen und Herren, darf ich bitten!« Seine Stimme entfernt sich wieder. Er klatscht in die Hände. Das Klavier beginnt zu spielen.

»Die Da-men links, die Her-ren rechts«, kommandiert er im Takt der Musik. Wir stehen auf. Der Fußboden ist glatt.

»Wir müssen uns in zwei Reihen gegenüber aufstellen.« Hanne zieht mich vor, zieht mich zurück. Neben mir tuscheln zwei andere Mädchen, irgendwo vor mir räuspert sich eine Männerstimme leise.

»Mach doch nicht so ein ernstes Gesicht, Ille!« Ich grinse, diesmal verkrampft. Die Musik wird lauter.

»Darf ich bitten, werte Dame?«

Andreas!

Er führt mich irgendwo ins Gewühl hinein und flüstert alle Schritte in mein Ohr.

»Psst, du bringst mich aus dem Takt!«

»Tatsächlich, du bist ja ein Naturtalent!«

»Na ja, Tango!«

Die Musik bricht ab. Andreas bringt mich zu unserem Platz zurück. Das nächste ist ein Fox.

»Kolbe ist mein Name!«

Ich tanze mit Heinz. Er bleibt seiner Tradition treu und schweigt. Ich wundere mich über mich selbst. Tanzen ist wirklich kinderleicht, und was noch komischer ist, es macht mir Spaß.

»Du, Heinz.«

»Hm?«

»Am Anfang mochte ich dich nicht. Ehrlich!«

Er stolpert, und wir fliegen beinahe hin. Rund um uns lachen die andern. Ich lache mit.

»Weil du immer so schweigsam bist«, sage ich wieder, als

wir einigermaßen in der Musik drin sind. »Und wenn einer nie was sagt, kann man sich kein Bild von ihm machen; ich jedenfalls.«

»Das tut mir leid«, sagt er, »ich werde mich bessern«, und schweigt weiter.

Dann tanze ich wieder mit Andreas. Er zeigt mir neue Figuren, es wird schwieriger. Ich patze – noch einmal.

»Das war eine Gemeinheit von euch, mich in einen Fortgeschrittenenkurs mitzuschleppen!« knurre ich, als ich zum drittenmal danebengetreten bin.

»Woher weißt du denn das?« Seine Stimme klingt verlegen.

»Das merkt ja sogar ein Blinder!«

Er ist still. Dann kommt seine Stimme wieder, sehr leise: »Links zurück, zwei drei, einen Bogen zur Seite, sooo!«

Es haut nicht mehr hin.

»Meine Damen und Herren«, die Musik bricht ab, die Stimme von Herrn Johanny: »Bitte, sehen Sie einmal her. Die erste Tour, eins und zwei, drei und vier und nach links hinüber, sehen Sie? Rechts und links, sehen Sie her . . .«

Sehen Sie her. Sehen – sehen.

»Fräulein Grote, wollen wir es einmal versuchen?« Er steht plötzlich vor mir, Andreas läßt meinen Arm los. Ich tanze mit Herrn Johanny die Figuren, die er eben erklärt hat, die ich nicht verstanden habe. Und es geht. Ich tanze. Ich vergesse, daß mir die anderen zusehen, daß alle sehen, daß ich nicht tanzen kann, meine Sonnenbrille. Ich vergesse die Dunkelheit. Meine Füße wissen, wie sie gehen müssen. Johanny ist etwas größer als ich. Ich spüre seine Hand im Rücken. Ich tanze.

»Das geht ja großartig«, sagt er leise. »Wunderbar. Es macht mir Freude, mit Ihnen zu tanzen!«

»Sie führen eben gut.«

»Das ist mein Beruf.« Er lacht.

Ich sitze wieder neben Hanne. Pause. Wir reden. Das heißt, sie berichtet, ich höre zu. Sie redet immer noch etwas hastig, aber ich will nicht mehr weg. Ich will mehr dazulernen: schnelle, moderne Tänze.

Wieder Musik. Andreas tanzt mit Hanne. Ich sitze allein da. Heinz, wo bleibt denn der Kerl?

»Darf ich bitten?«

Eine fremde Männerstimme. Der kann ja nicht mich meinen. Verflixt, Heinz!

»Bitte«, noch einmal. Hanne! Sonst sitzt doch hier niemand. »Oh, äh...« Jetzt hat er's kapiert. Jetzt wird er sich endlich verdrücken. Mir wird heiß, und gleichzeitig friere ich.

»Es wäre mir ein Vergnügen...«

Er ist immer noch da. Ich stehe auf. Er nimmt meinen Arm. Er ist knapp so groß wie ich und riecht nach Mottenpulver. Aber weggerannt ist er nicht.

Wir tanzen schweigend. Mottenpulver murmelt den Takt vor sich hin. Seine Hand ist in mein Kleid gekrallt. Stoppel und stoppel und stoppel.

»Besten Dank!« Ich sitze wieder, neben mir Hanne.

»Der kommt nicht wieder«, sage ich und muß lachen, obwohl mir eigentlich nicht danach zumute ist.

Ich tanze wieder mit Heinz und bin böse.

»Der war doch nett!« ist das einzige, was er sagt. Eine neue Figur, ich tanze wieder mit Herrn Johanny, sitze an unserem Tisch.

»Da kommt eine ganz elegante Flöte!« flüstert Hanne.

»Geh ja nicht vor mir weg!« warne ich.

»Darf ich bitten?« »Bütten«, spricht er es aus. Hanne gibt mir einen Schubs. Der meint doch nicht mich!

Er fragt nicht noch einmal, sondern nimmt einfach meinen Ellbogen. Er ist groß und dünn. Seine Anzugjacke fühlt sich rauh an. Er tanzt gut.

»Sie tanzen ausgezeichnet«, sagt er mit weichen Konsonanten und durch die Nase. Meine Finger fühlen kleine Noppen auf seinem Anzugstoff, sicher echter Tweed, der Stimme nach zu urteilen, oder doch allerwenigstens reine Schurwolle. »Ich bin wirklich überrascht, eine so gute Tänzerin in diesem Haufen von steifen Leuten zu finden«, näselt er weiter. »Obwohl Sie doch – äh – nichts sehen, oder? Erstaunlich. Oder vielleicht gerade? Ich meine, man liest ja oft...«

Ich finde ihn komisch, einfach nur komisch. Zu blöd, ich lächle freundlich. Seine Hand berührt mich nur mit den Fingerspitzen.

Dann tanze ich mit Andreas und wieder mit Heinz. Und dann mit Mair ohne e, dem mit der schmalen Hand. Mair-ohne-e reicht mir bis an die Nasenspitze. Sein Haar

riecht nach einer Mischung aus Frisiercreme und Pfefferminz. Er redet, ohne Luft zu holen, und jagt mich über
die Tanzfläche wie ein Moped mit gekapptem Auspuff.
Daß die Musik einen ganz anderen Rhythmus hat, scheint
ihn nicht weiter zu stören.
»Ich freue mich sehr, Sie kennenzulernen. Vielleicht könnten wir uns einmal treffen. Ich habe Sie schon oft bewundert, von meinem Fenster aus. Na ja, nicht meinem eigenen, sondern da, wo ich arbeite, in der Apotheke am alten
Markt. Ich bin nämlich Apotheker, müssen Sie wissen.
Das heißt, in einem halben Jahr bin ich fertig, wenn ich
nicht durch's Examen rassele, ha, ha, ha. Wie gesagt,
würde mich freuen, wenn wir uns mal . . .«
Verblüfft zuckt er zusammen, als die Musik aufhört. Ich
bin froh, daß er wenigstens das gemerkt hat. Pause.
Wir trinken Cola und lästern über Hannes verschiedene
Partner, die Mädchen von Heinz und Andreas und über
Mottenpulver, Schurwolle und Mair-ohne-e.
»Noch böse?« fragt Heinz und versinkt sofort wieder in
sein gewohntes Schweigen. Andreas erkundigt sich auch:
»Macht's Spaß?« Er erwartet keine Antwort.
Als wir heimgehen, regnet es immer noch.
»Bis morgen, Ille.«
»Macht's gut.«
Eins, zwei, drei und vier.

Zimtstern und Nelkenpunsch

Die Zeit läuft an mir vorbei.
Ich stehe still: Sekunden, Stunden, Monate, Mahlzeiten,
Kälte vor den Fenstern, Schneematsch. Kleine Fortschritte
an der Schreibmaschine, Klavierunterricht, Tanzkurs und
Freunde. Ich drehe mich. Von Peter habe ich seit dem Kar-
tengruß aus Italien nichts mehr gehört.
Heute ist Weihnachten. Im ganzen Haus riecht es nach
Tannenzweigen. Mick und Martin haben den halben Wald
hereingeschleppt. Andreas hat sich im Wohnzimmer ein-
geschlossen und schmückt den Baum. In der Küche arbeiten Mutti und Röschen. Sie backen Lebkuchen und Butter-

plätzchen, Schokoladenbrezeln und Vanillekringel, Zitronenhörnchen, Zimtsterne und Nußhütchen. Von oben kommt Hämmern, Sägen, Papiergeraschel.

»Nein, Ille, nicht horchen!« Die Zwillinge verrammeln ihre Burg. Ich gehe die Treppe hinunter. Es läutet. Ich warte und höre Kinderstimmen. Muttis Schüler bringen ihr eine Hyazinthe. Ich kann sie riechen, trotz der Tannenzweige.

In meinem Zimmer betaste ich noch einmal meine Geschenke. Martin hat mir Einwickelpapier besorgt. Jeder Bogen hat nicht nur eine andere Farbe, sondern auch eine andere Struktur. Einer ist rauh und fest, angeblich rot mit grünen Zweigen. Innen drin ist ein Schal für Andreas, knallrot, über der Jacke zu tragen, ein »Lesezeichen«, ewig lang, auch als Kletterseil zu verwenden. Dann gibt es geripptes Seidenpapier, rot mit Goldsternen, und dann eine weiße und sehr weiche, gehäkelte Stola für Mutti. Glatt und knisternd, schwarz mit kleinen weißen Schneemännern und hart, duftend nach Druckerfarbe mit roten und blauen Kugeln sind zwei weitere Bogen. Darin sind für die Zwillinge dicke Zöpfchenstrümpfe für Bundhosen. Und Röschen bekommt eine warme Weste, eingewickelt in Silberpapier. Die reinste Strickwarengroßhandlung.

Ich schalte das Radio an und wieder aus.

In Wirklichkeit habe ich die Farben und Muster der Papiere, die Martin mir beschrieben hat, schon wieder vergessen. Genausogut könnten die Schneemänner auch zu dem weichen Seidenpapier gehören und die bunten Kugeln zu dem rauhen.

Mutti läuft an meiner Zimmertür vorbei und ruft nach den Zwillingen.

»Keine Zeit!«

»Jedes Jahr dasselbe. Immer müßt ihr alles im letzten Moment machen, und ich sitze mit der ganzen Arbeit allein da!«

Nach mir fragt keiner.

Gestern waren wir in der Johanneskirche, Mutti, Onkel Frick und ich. Das Weihnachtsoratorium: Onkel Frick hat mir vorher den Aufbau erklärt; wie Bach es für die Weihnachtszeit geschrieben hat und wie er die sechs Teile einzeln aufführte an den drei Weihnachtstagen, zu Neujahr, am Sonntag nach Neujahr und am Heiligdreikönigstag.

Er hat mir den Text vorgelesen und einige Stellen auf dem Klavier gespielt.

Aber dann war es noch viel schöner. Mit dem ganzen Orchester, Geigen, Flöten. Ich habe vergessen, was Onkel Frick mir erzählt hatte, und nur noch zugehört. Musik ist Leben. Ich bin froh. Ich habe vergessen, daß ich blind bin. Ich denke daran, wie es sein wird, wenn ich fertig bin, Pianistin. Wenn ich so spielen kann, daß die anderen mir zuhören. Daß ich das weitergeben kann, was ich sagen möchte. Musik ist Licht. Ich habe versucht, mit Onkel Frick darüber zu sprechen. Aber er hat nur gesagt: »Erst die Schule: Lernen, lernen und nochmals lernen und üben. Dann sehen wir weiter.«

Peng. Dann haben sie von etwas anderem geredet. Zugegeben, ich muß noch viel üben, aber man kann doch schon drüber sprechen. Und Weihnachten: Alles huscht hin und her und tut geheimnisvoll. Ich sollte glücklich sein. Es sollte mir doch Spaß machen. Voriges Jahr zu Weihnachten lag ich im Krankenhaus. Ich war frisch operiert und hatte Schmerzen. Alles war tot und schwarz. Mutti kam am zweiten Feiertag und saß an meinem Bett. Ich konnte nicht viel reden. Das ist schon sonderbar. Natürlich wollte ich weg aus der Klinik, und wie. Aber andererseits war ich dort nicht fremd. Ich war krank und blind und gehörte dahin, in das Krankenhaus. Hier will ich nicht weg. Ich bin daheim. Aber ich gehöre nicht her.

Meine Zimmertür wird aufgerissen, Andreas: »Ille, komm doch mal ... He, was ist denn mit dir los?« Er zieht meinen Arm vom Gesicht weg. »Was ist los? Hast du dir wehgetan?«

»Nein.«

»Was dann?«

»Ach, überhaupt!« Ich schluchze auf. Andreas läßt meinen Arm los.

»Weltschmerz, wie? Das ist ja zum Verrücktwerden, jedes Jahr zu Weihnachten wird alle Welt sentimental. Schalt wieder ab, ich brauch' dich!«

Ich putze mir umständlich die Nase. Andreas steht neben mir und wartet.

»Komm schon«, seine Stimme klingt wieder sanft. Ich stehe auf.

»Besten Dank, Bruderherz.« Er lacht.

»Nichts zu danken. Reiner Eigennutz. Ich kann die Lamettafäden vom letzten Jahr nicht auseinanderfitzeln.«
Ich gehe mit Andreas ins Wohnzimmer hinüber. Er stellt
den Plattenspieler an und legt eine von seinen Jazzplatten
auf. Wir summen und pfeifen mit, und Andreas macht
das Geräusch einer gestopften Trompete so echt nach, daß
ich es kaum unterscheiden kann.
Ich fitzle die Lamettafäden nicht nur auseinander, sondern
hänge sie auch auf die Äste von oben nach unten, von
innen nach außen.
»Donnerwetter, Ille, so gleichmäßig war das noch nie!«
Der Baum wird auch am Abend ausgiebig bewundert; vor
allem das Lametta. Es duftet nach Honigkerzen. Wir singen, ich spiele dazu auf der Flöte.
Dann verteilen wir unsere Geschenke.
Von den Zwillingen bekomme ich einen großen, festen
Kasten.
»Damit du all deinen Kram hineintun kannst und nicht
mehr suchen mußt. Fühl mal, lauter einzelne, verschieden
breite Fächer, an jedem Fach eine bestimmte Anzahl Ker-
ben, damit du dich erinnern kannst, was drin ist!«
Von Röschen bekomme ich eine Schallplatte, Chopin. Sie
liest mir vor, daß der Pianist neunzehn Jahre alt ist. Ich
werde bald siebzehn.
Von Andreas bekomme ich einen schmalen Kasten. Ich
mache ihn vorsichtig auf.
»Eine Uhr!«
»Es ist eine ganz besondere Uhr.« Er schnallt sie mir
gleich um den Arm. »Ohne Glas, die Zeiger sind besonders
kräftig, und die Ziffern sind erhöhte Punkte.«
»Oh, großartig, vielen Dank. Nun muß ich nie mehr andere Leute nach der Zeit fragen!«
»Jetzt kommt unsere Überraschung!« sagt Onkel Frick
mit geheimnisvoller Stimme, und Mutti ruft: »Seid mal
alle einen Moment ruhig!«
Wir warten gespannt.
Musik?
Das ist ein Weihnachtslied, am Klavier gespielt. »O du
fröhliche . . .« Das habe ich noch vor ein paar Tagen selber
gespielt.
»Soll ich das gewesen sein?« frage ich überrascht.
Die anderen lachen. Ich kann es nicht fassen.

»Das Tonbandgerät gehört dir«, sagt Mutti und lacht noch immer über mein Erstaunen. Sie gibt mir einen Kuß. »Von Onkel Frick und mir gemeinsam.«

Die Zwillinge wollen sich gleich darauf stürzen und es mir erklären, diesen Knopf und jene Spule. Aber Mutti scheucht sie fort: »Das hat Zeit, jetzt kommt essen!«

Nachher sitzen wir wieder um den Baum. Die Bienenwachskerzen werden noch einmal angezündet: Honigduft.

Es ist warm. Die Zwillinge liegen auf dem Teppich und schmökern in neuen Büchern. Andreas spielt seine neuen Platten ab, und wir nehmen sie gleich auf Band auf und löschen sie wieder. Onkel Frick erklärt mir, wie alles funktioniert, und dann kommt natürlich auch wieder die Schule dran.

»Du wirst das Gerät gut brauchen können, um deine Fremdsprachen darauf zu lernen, und überhaupt als Gedächtnisstütze, sozusagen als Notizbuch. Es ist ein Batteriegerät, du kannst es immer mitnehmen.«

Heute habe ich keine Angst bei dem Gedanken an die Schule. Hoffentlich hält das an.

Die Zeit zwischen Weihnachten und Neujahr vergeht wie ein einziger Tag. Es hat geschneit, und jetzt ist es auch kalt geworden, der Schnee bleibt liegen. Die Jungen haben schon dreimal Schnee schaufeln müssen. Alle Geräusche sind gedämpft. Es ist mollig warm im Haus. Ferien, gemütliche Abende.

Die Zwillinge hocken im Keller und hämmern und klopfen. Sie reparieren den alten Schlitten. Mutti sitzt an ihrem Schreibtisch und kramt in den Schubladen. Es raschelt und knistert: alte Rechnungen, Briefe. Ein ganzer Korb voll ist schon in den Ofen gewandert. Andreas ist im Badezimmer und wäscht sein Hemd. Morgen ist das Abschlußfest im Tanzkurs.

»Zwischen Weihnachten und Neujahr darf man nicht waschen!« Röschen ist empört. »Das bringt Unglück!«

»Ich brauch' das Hemd aber doch morgen!«

Andreas wäscht, Röschen brummelt.

Onkel Frick kommt mal wieder gerade im rechten Augenblick, und natürlich weiß er auch hier die richtige Erklärung.

»Es ist schon ein reichlich alter Aberglaube. Das Weih-

nachtsfest zu dieser Jahreszeit beruht ja auf dem alten
Fest der Wintersonnenwende. In den Zwölf Nächten ritt
Wotan mit seinen Walküren in wilder Jagd durch die
Lüfte. Man durfte keine Wäscheleine spannen, weil sich die
Reiter darin verfangen konnten. Und das würde Unglück
über's Haus bringen.«
Röschen sagt nichts. Andreas lacht.
»Aber wenn ich das Hemd auf einen Bügel über die Bade-
wanne hänge, dann wird's wohl nicht so schlimm werden,
oder?«
Aber Röschen ist noch immer nicht überzeugt.
Wir sitzen um den runden Tisch und trinken Glühwein
mit Orangenschale und Nelken und Zimt.
»Mir ist die Zimttüte ausgerutscht!« verkündet Mutti.
»Ich glaube, das ist ein richtiges Zimtlörkchen geworden.«
Wir trinken und lachen und sind albern.
»Es schneit immer noch!« trompetet Mick. Mutti singt:
»Leise rieselt der Schnee . . .«
»Schnee-Schnee-Schnee!« kräht Martin die Tonleiter
hoch.
»Wir haben heute Schnee gekehrt, Schnee gekehrt, Schnee
gekehrt!« leiert Mick, und Martin fällt sofort ein.
»Und haben jehetzt Huhuhungeeer.«
»Opernabend der Familie Grote!« seufzt Onkel Frick, und
Mutti singt sofort: »Ilse, geliehibtestes Töhöchterlein,
decke den Tisch, bereite das Mahl!«
»Was gibt es zu speisen?« singe ich zurück.
»Bratkartoffeln und Spiehiegelei!«
»Sphiehihihihigelei«, singen die Zwillinge durcheinander.
»Als ob du noch ein Backfisch wärst!« sagt Röschen miß-
billigend zu Mutti und duzt sie. »Wie sollen die Kinder
da Respekt vor dir haben?«
»Komm, sing mit, Röschen!« brüllen wir. Röschen flieht
entsetzt in die Küche.
»Alles tu ich für euch, aber singen . . . Nie!«
»Röschen ist der Bassa Selim!« sagt Mick.
Wir waren am zweiten Weihnachtstag in der Oper. Für
die Zwillinge war's das erstemal: Mozart, »Entführung
aus dem Serail«.
»Der Fürst ist eigentlich der vernünftigste Mensch in der
ganzen Oper«, meinten sie nachher. »Die anderen sind ja
reichlich aufgeregt mit ihrem ewigen Gesinge . . .«

Unsere Hausoper ist vollständig.

Andreas, der Baß, die Zwillinge, das Buffopaar.

»Spiegelei – Spiegelei!«

»Ille ist morgen beim Ball dabei!«

»Kavaliere hat sie zwei!«

»Zählen muß sie eins, zwei, drei!«

»Spiehihihihigelei!«

»Ihr seid eine fürchterliche Familie!« stöhnt Onkel Frick. »Alle miteinander! Wenn ihr wenigstens etwas verstehen würdet vom Aufbau einer Oper. Mit der Lautstärke allein ist es noch nicht getan!« Und der Vortrag beginnt: Stimmenverteilung in der klassischen Oper, Sopran- und Alt-, Tenor- und Baßpartien, Arien und Rezitative.

»Äh«, Mick hustet, »ich muß mal rasch rauf, entschuldigt«, er witscht aus dem Zimmer.

»Ach ja, da fällt mir doch ein...« Martin hinterher.

»Tja, sieht fast so aus, als müßte ich noch mal mit der Schneeschaufel um's Haus rum...« Andreas räuspert sich und verschwindet.

»Ille, bleib du wenigstens hier, ich höre ja auch schon auf«, Onkel Frick schnauft entsagungsvoll, und Mutti lacht.

Im selben Augenblick schallt es laut und offensichtlich wütend von der Burg herunter: »Gib mir mein Buch! Mein Buch – verdammter Bengel, du! Sonst mord' ich dich!«

Die Antwort schmettert Martin mit gewaltigem Stimmaufwand: »Töt erst mein Weib!«

»Du meine Güte«, Onkel Frick schiebt seinen Stuhl zurück. »Das sollte doch nicht etwa Beethoven sein?«

»Offensichtlich«, Mutti steht auch auf.

»Die Arie der Leonore haben sie neulich im Radio gehört.«

»Meine Güte!« wiederholt Onkel Frick schwach.

Mutti reißt die Tür auf und übertrifft die Zwillinge an Lautstärke: »Schluß jetzt! Kommt zum Essen!«

»Na, eins steht jedenfalls fest«, sagt Onkel Frick aufatmend, als es wieder ruhig ist, »unmusikalisch seid ihr alle nicht.«

Ich kann es nicht sehen, aber ich bin sicher, daß er mich dabei anschaut.

Das Fest

Ball — ich finde das Wort ja genauso albern, aber Röschen fängt immer wieder damit an.

»Mein Gott, Ille geht auf einen Tanzstundenball. Eben habe ich noch das Kleid für deine Mutter zurechtgemacht, und nun ist schon die Tochter soweit! Mein Gott, wie die Zeit vergeht!«

»Ja, man wird alt.« Mutti lacht.

Wir stehen im Flur. Alle zupfen und kritisieren noch ein bißchen an mir herum.

»Das Kleid ist nicht übel«, meint Mick.

»In der Tat, recht passabel«, gibt Martin zu.

»Überhaupt, wenn man denkt, daß sie unsere Schwester ist . . .«

»Obwohl ich mehr für blond bin.«

»Die ganz Schwarzen sind auch nicht schlecht, so wie die Schwester von Winnetou.«

»Im Film sieht sie aber eher braun aus.«

»Na eben, sag' ich ja. Ille sieht ganz passabel aus.«

Wir warten auf Andreas. Er kommt die Treppe heruntergepoltert.

»Ball! Wenn ich das nur schon höre. Tanzstundenball. In welchem Jahrhundert leben wir eigentlich, wie? Im achtzehnten? Aber hier in Warenburg paßt ja alles prächtig zusammen: Barockschlößchen, Polonaise und Blumensträußchen. Darf ich bitten? Ball!«

»Andreas!«

»Was ist denn los?«

»Ach, ist doch wahr! Immer dieses alberne Getue! In Indien verhungern jeden Tag Tausende von Menschen, weil sie nicht mal mehr eine Handvoll Reis haben, in Vietnam werden Frauen und Kinder mit Napalm bombardiert, und wir? Wir gehen auf einen Tanzstundenball, vollgefressen!«

»Andreas, hör bitte auf!«

»Ich habe grade erst angefangen!«

»Du änderst aber nichts!«

»Man muß es aber ändern, es wenigstens versuchen, etwas tun! Wir können doch nicht einfach so in den Tag hineinleben, als ob überall auf der ganzen Welt alles in schönster Ordnung wäre!«

»Ob du jetzt auf diesen Ball gehst oder nicht, das ist völlig
egal und ändert überhaupt nichts!«

»Ball! Diese Art von Bällen ist einfach überholt. Tot! —
Ist ja schon gut«, seine Stimme klingt plötzlich müde,
»wir sollten wenigstens dran denken, darüber reden, es
weitergeben. Ich habe da eine amerikanische Zeitschrift
gelesen . . .«

Die ganze Zeit über habe ich nichts gesagt. Mutti hat geredet. Andreas muß es meinem Gesicht angesehen haben.
Er klopft mir auf die Schulter.

»Geh'n wir. Wozu hab' ich schließlich gestern mein Hemd
gewaschen?«

Wir haben uns verspätet.

Heinz und Hanne werden schon auf uns warten. Ruth
wollte auch kommen: Treffpunkt Tanzkurs.

Es ist kalt. Unter unseren Schuhen knirscht der Schnee.
Wir schweigen. Erst nach einer ganzen Reihe von Ecken
und Kurven und Straßenüberquerungen sagt Andreas
leise: »Tut mir leid, Ille, falls ich die schöne Stimmung
verpatzt habe.«

»Du hast ja recht.«

»Endlich freust du dich mal auf ein Fest, und dann kommt
der große Bruder mit seinem Ausbruch dazwischen. Aber
manchmal könnte man verrückt werden, wenn man sieht,
was überall passiert, und man kann nichts tun.«

»Vielleicht kann man doch etwas tun.«

»Ja, kleine Schwestern zum Fest geleiten.«

»Oder ihr festgefahrenes Gehirn zum Rotieren bringen.«

»He, was macht ihr denn für Gesichter?«

»Hallo, Hanne, Tag Ruth. He, Heinz. Wartet ihr schon
lange hier in der Kälte?«

»Keine Ahnung. Was hat der Mensch vom Knie an ab-
wärts? Eiszapfen?«

»Kommt rein, die anderen machen schon auf feierlich!«

Ich spüre die veränderte Stimmung.

Kleider rascheln. Parfums und Pomaden duften durcheinander. Gedämpfte Stimmen, Musik, kein Klavier heute,
sondern die Stereoanlage, Platten, Ansprache von Meister
Johanny.

Wir tanzen.

Ich tanze mit Andreas, mit Heinz, der schweigt, aber recht
gut tanzt, mit Mottenpulver, mit Schurwolle und min-

destens viermal mit Mair-ohne-e, mit einem Herrn Klein, mit einem Herrn Groß, sie heißen wirklich so, und wieder mal mit Andreas.

Ich tanze.

In den Pausen sitzen wir zusammen, trinken Cola und Zitronensaft, und dann tanzen wir wieder.

Polonaise, gräßlich langweilig.

Ich habe keine Ahnung, wer mir am Schluß die drei Tulpen überreicht.

Hanne sagt mir nachher, daß es einer mit Brille und Pickelgesicht war. Name: Klaus Winter.

Wir essen Apfelkuchen und trinken Wein. Wir essen Eis mit Schlagsahne.

Menschen hungern nicht nur in Indien, auch in Afrika, auch in Europa, auch in Amerika.

»Und jetzt ein Walzer, meine Damen und Herren, ein Walzer, ein unsterblicher Walzer, der König der Tänze.«

Johanny fordert mich auf.

»Sie tanzen wundervoll, Fräulein Grote. Es hat mir eine ganz besondere Freude gemacht, Sie zu unterrichten. Ich hoffe, es hat auch Ihnen Spaß gemacht!«

Ich würde ihm gern sagen, was ich denke. Daß ich ihn und seinen unsterblichen Walzer sterblich altmodisch finde. Aber natürlich sage ich es nicht.

»Darf ich bitten, verehrtes Fräulein?«

»Peter!«

»Kolbe. Ganz recht, so ist mein Name. Und hier mein Arm.«

»Wo kommst du her?«

»Euer Lämmerhüpfen konnte ich mir doch nicht entgehen lassen.«

»Dann bist du aber das Oberschaf!«

»Na, na, wer wird denn da borstig? Johanny hat mich freundlicher begrüßt, obwohl er mich vor zwei Jahren bei meinem Tanzkurs nicht nur einmal verwünscht hat.«

»Das kann ich verstehen!« Ich lache. Peter tanzt fürchterlich.

»Oh! Der obere war meiner! Blöde Tanzerei!«

»Und der untere meiner. Wieso kommst du überhaupt hierher?«

»Beleidigt, weil ich die edle Kunst der Terpsichore angegriffen habe?«

»Ich weiß zwar nicht, was Terpsi-Dingsda ist, aber ich
hatte mir grade selber überlegt, wie albern das alles hier
im Grunde ist.«

»Und da hört man's nicht gern von anderen. Kann ich
verstehen. Komm, setzen wir uns irgendwohin, ja? Ich
habe schon Knoten in den Beinen.«

»Wo ich doch so gern tanze!«

»Dann bist du eben Terpsichore, die Muse des Tanzes,
griechisch.«

»Das auch noch! Schaff mich an unseren Tisch zurück.
Ich habe keine Ahnung, wo wir sind.«

»Schauerlich sieht das hier aus, die reinste Zuckerdeko-
ration. Moderner Kitsch ist noch viel scheußlicher als alt-
modischer. Als ich hier Tanzkurs hatte, da stimmte es
noch: roter Plüsch mit goldenen Schnörkeln.«

»Jetzt gibt's ja auch moderne Tänze.«

»Wie modern denn? Tango etwa schon?«

Wir lachen. Peter schiebt mir einen Stuhl hin. Ein neuer
Tanz. Andreas kommt.

»Nix da«, wehrt Peter ab, »hier gibt es grobgerechnet
dreißig muntere Flohhüpfer, also verschone bitte meine
einzige Partnerin!«

»Du bist autoritär!« stellt Andreas fest.

»Das täuscht!« Ich kann förmlich spüren, wie Peter grinst.

»So, dein Bruder ist mit Ruth im Gewühl verschwunden.
Dumm, mit der eigenen Schwester zu tanzen! O je, da
kommt schon wieder einer an!«

Ich schnuppere.

»Das ist Mottenpulver«, sage ich leise.

»Dürfte ich bitten!«

»Die Dame tanzt nicht mehr«, sagt Peter, »können Sie
nicht sehen, daß sie sich den Knöchel verstaucht hat?«

»Oh, oh, Verzeihung...« Mottenpulvers Stimme verzieht
sich.

»Ich werde seekrank, wenn ich diesem Gehopse noch
länger zusehe. Wollen wir uns verdrücken?«

Irgendwie hat Peter mich hinausgeschleust, ohne Andreas
oder den anderen in den Weg zu laufen. Wir gehen durch
die Stadt. Es ist sehr still. Der Schnee knirscht, aber es ist
nicht mehr kalt.

»Die glatte Verschwendung, mit dir zu tanzen, wenn man
sich mit dir so gut unterhalten kann!«

»Bis jetzt hast vor allem du unterhalten.«

»Rede ich zuviel?« Er tut, als wäre er entsetzt.

»Wenn es soweit ist, schreie ich ›halt‹.«

»Einverstanden.«

Er erzählt: von tanzenden Arabermädchen, von einer Hafenkneipe in Suez, von mexikanischen Volkstänzen und von Inka-Tempeln.

Wir sind am Parktor. Peter rüttelt daran, es ist verschlossen. »Komm, wir klettern rüber!«

Er wartet meine Antwort nicht ab, sondern hebt mich einfach auf die Mauer.

»Bleib ganz ruhig sitzen, Moment!« Er zieht sich hoch, rutscht neben mir hinunter und sagt von unten: »Komm, ich fang' dich auf!«

»Nein!« Ich habe Angst. Die Mauer unter mir ist kalt.

»Hab' keine Angst. Spring einfach!«

Ich lasse mich hinuntergleiten, er fängt mich weich und sicher. Wir laufen durch tiefen Schnee. Wir sind auf dem Weg, es ist nur eine schmale Rinne freigekehrt. Von den Bäumen fällt Schnee.

»Über uns ist der Himmel jetzt klar. Ich sehe den Großen Bären, den Kleinen Bären, den Polarstern. Das war das erste, was ich als Matrose lernen mußte. Aber der südliche Sternenhimmel sieht ganz anders aus.«

Plötzlich wird er ernst.

»Du, Ille«, er legt mir seinen Arm um die Schultern. Wir gehen langsamer. »Ich war auf einer Blindenschule. Jetzt, als wir aus Italien zurück waren. Ich hab' mich in der Schweiz umgesehen, dort vier Monate bei einem Architekten gearbeitet, in Lausanne. Ich hab' mir das ›Asile des Aveugles‹ angesehen. Ich wollte wissen, was ein blinder Mensch lernen kann.«

Er spricht ganz selbstverständlich von meiner Blindheit. Den meisten ist es peinlich, so als würden sie sich schämen. Ich sage nichts.

»Ich wollte nicht schreiben. Ich wollte mit dir sprechen. Ich war so froh, weißt du. Sie können ja alles lernen, oder doch beinahe alles: Lesen, Schreiben, Stenografie, Weben, Basteln, Modellieren. Es gibt eine Unzahl von Berufen, nicht nur Korbflechten; Telefonist, Abhörer beim Rundfunk, Klavierstimmer, Masseur, Lehrer, Jurist und vieles andere. Es gibt wirklich viel, wenn man nur will.«

»Ich will Pianistin werden«, sage ich leise.

»Ja, ich weiß. Aber versteif dich nicht zu sehr. Es gibt so viele Möglichkeiten. Lernen.« Wir bleiben stehen. »Ille, ich bin so froh für dich.«

Plötzlich sind Stimmen um uns herum, Gelächter.

»Da seid ihr also!«

»Die Flüchtenden sind gestellt!«

»Habt ihr im Ernst geglaubt, ihr könnt uns entwischen?«

Andreas, Heinz, Hanne, Ruth und noch andere.

Sie kreisen uns ein.

»Wißt ihr nicht, was bereits für ein Tag ist. Seit genau drei Minuten ist Silvester, der letzte Tag im Jahr.«

Jemand hakt sich bei mir ein. Wir ziehen zusammen weiter. Langsam dringt Schneewasser in meine Schuhe. Peter ist neben mir.

Ein Besuch

Winter; nach dem heißesten Sommer auch der kälteste Winter. Ich sitze am Ofen.

Draußen ist es kalt, die Straßen sind vereist. Keiner hat Lust rauszugehen, außer den Zwillingen, die sind den ganzen Tag mit ihren Freunden auf der Eisbahn. Sie finden den Winter herrlich.

Andreas ist vom Ehrgeiz gepackt. Früh fährt er weg, spät abends kommt er heim, und am Sonntag sitzt er auch die ganze Zeit in seinem Zimmer und arbeitet und zeichnet.

»Du kannst dir gar nicht vorstellen, was für einen Spaß es mir macht. Endlich komme ich weiter.«

Eine blinde Schwester stört.

Ruth habe ich seit Wochen nicht mehr getroffen. Hanne meldet sich auch nicht. Wenn ich sie anrufe, hat sie so miserable Laune, daß wir bald einhängen.

»Sicher ist sie verliebt«, vermutet Mick.

»Klar«, meint Martin, »sie hat sich in einen Tanzstundenknaben verknallt und trauert, weil kein Kurs mehr ist!«

»Quatsch!« sage ich und denke darüber nach.

Onkel Frick ist krank. Grippe. Mutti hat noch weniger Zeit als sonst.

Vor lauter Wut und Langeweile übe ich wie verrückt Maschineschreiben. Wenn die Zwillinge da sind, spielen sie mit Vorliebe Lehrer. Sie diktieren mir schwierige Wörter.

»Falsch, Ille. Du hast ja klamaul geschrieben statt Klamauk.«

»Macht lieber eure Hausaufgaben. Bald gibt es Zeugnisse!« Mutti sitzt über einem Berg von Schulheften. »Ohne diese fürchterlichen Hefte wäre der Lehrer der glücklichste Mensch!«

Röschen jammert über das Rheuma.

»Dieser ewige Schnee! Wenn's doch erst Frühling wäre!«
Jeder hat seinen Ärger – Rheuma, Schulhefte, Liebeskummer, Zeugnisse – und seinen Spaß – Zeichnen, Eishockey, Besuche. Jeder hat sein eigenes Leben: Schneeballschlachten, neue Beleuchtungsanlagen, Bücher, Arbeit, Onkel Frick, die ›gute alte Zeit‹ – und ich sitze am Ofen.

Seit einer Woche bin ich siebzehn. Ich bin siebzehn Jahre alt und sitze hinter dem Ofen.

Ich denke an die Klinik zurück, an den Professor, Schwester Beate und die Kinder, Susie und Peter – der kleine Peter, der große Peter. Ich möchte wissen, wie er aussieht, sehen. Glück ist, wenn nichts geschieht, hat Onkel Frick mal gesagt. Vielleicht, wenn man alt ist. Ich will, daß etwas passiert!

Es läutet. Mick und Martin rennen um die Wette.

»Die Post. Ein Eilbrief.«

»Eilkarte!«

»Gebt schon her!« Mutti liest vor: »Fräulein Ilse Grote.«
Für mich? Eine Karte? Eine Eilkarte! Mutti liest weiter.

»›Liebe Ille, jetzt hatte ich extra‹ – hm, was soll denn das heißen, du meine Güte, das ist ja vielleicht eine Klaue, dabei bin ich von meinen Schülern ja auch nicht verwöhnt – ›das Bru-Brüchen‹ – nein.«

»Laß uns mal versuchen.«

»Von wem ist sie überhaupt?«

»Verschwindet an eure Dreisatzaufgaben, los! – Brüderchen, jetzt hab' ich's. Also: ›Liebe Ille, jetzt hatte ich extra das Brüderchen nach deinem Geburtstag gefragt und es dann doch vergessen. Auch hier wieder die lei – hm, lei, leidige! leidige Arbeit als Entschuldigung. Spät, aber herzlich: Alles, alles Gute zum Geburtstag, auf daß du zu-

nimmst an Alter und Weisheit. In alter Frische, Dein
Peter«

»Peterlein!« singt Mick, »mein liiiebstes Peterleiiin!«

»Halt den Mund!« fauche ich ihn an.

Martin krächzt: »Volltreffer!«, und Mick bestätigt: »Kom-
biniere messerscharf: Sühühüß ist die Liiiebe!«

»Ach, ihr seid ja blöd!« sage ich wegwerfend und tue so,
als wäre mir das alles egal. Sie kichern.

»Ihr sollt endlich an eure Aufgaben gehen!« Muttis Stimme
klingt müde. Sie gibt mir die Karte. Meine Finger gleiten
über die lackierte Oberfläche der Vorderseite. Ich weiß
nicht einmal, was darauf zu sehen ist, und ich will auch
nicht mehr fragen.

Ich lege die Karte neben mich auf den Tisch. Sofort ist
Mick da. Er ist schneller als ich.

»Gib's sofort zurück!«

»Sieh mal an: Höhlenzeichnungen. Wenn man denkt, was
die schon vor – warte mal – Mensch, man kann's kaum
lesen – vor 40 000 Jahren gemacht haben!«

»Du sollst es hergeben!«

»Laß mich doch! Es ist ein Bison und Jäger, und da . . .«

»Man sollte nicht meinen, wie kindisch ihr noch seid. Ich
dachte, ihr seid dreizehn, sieht aber gar nicht so aus.«

». . . sind auch Pfeile und Bogen.«

»Mick! Martin!« Muttis Stimme verkündet Unheil. »Wenn
ihr nicht augenblicklich verschwindet, dann . . .«

»Mensch«, brüllt Mick dazwischen, »fast hätt' ich's vergessen, wir sollten Ille doch zu dieser Dame bringen!«

»Zu welcher Dame?«

»Na, Sellin, oder wie die heißt. Ille hat von ihr erzählt,
als sie von der Blindenschule kam.«

Das stimmt. Irgend jemand hatte mir noch eine Adresse
in die Hand gedrückt, Frau Rehak oder wer. Ich sollte
diese Sellin besuchen, sie wohnt auch in Warenburg und ist
auch blind. Wenn ich das schon höre!

»Aber nicht heute«, sagt Mutti, »ihr habt eure Aufgaben
noch nicht fertig.«

»Aber dann, ja?«

»Wenn Ille Lust hat, könnte ich ja mal anrufen.«

Ich habe keine Lust. Aber hier rumsitzen mag ich auch
nicht. Was mag ich schon?

Mutti ruft also an. Offensichtlich freut sich die Sellin,

und eine Stunde später pilgere ich mit Mick und Martin durch den Schnee.

»Hoffentlich nagt es nicht an eurer männlichen Würde, mit einem Mädchen spazierenzugehen!« sage ich grinsend. Martin wehrt großzügig ab.

»Ach wo, im Gegenteil, was meinst du, was die anderen aus unserer Klasse für Stielaugen machen.«

»Und äh«, Mick schnieft verlegen auf, »du bist doch nicht mehr böse wegen vorhin, oder?«

»Doch und wie!« Ich bücke mich plötzlich, habe zwei Hände voll Schnee und klatsche sie dahin, wo eben noch Micks Stimme war. Ich scheine getroffen zu haben, denn er quietscht begeistert auf, und im nächsten Moment habe ich selber eine Ladung im Hals. Ich bücke mich wieder, Martin ruft hilfreich »hier«, und ich ziele nach seiner Stimme. Wir lachen und prusten. Plötzlich brüllt Mick: »Vorsicht!«

Es ist schon zu spät. Mein Ball, es war ein besonders harter geworden, ist schon losgeflogen, und gleich darauf geht ein Donnerwetter über uns herab, eine wütende Männerstimme: »Könnt ihr nicht aufpassen, ihr Lausebengels? Und Sie, junge Dame, könnten auch schon etwas mehr Vernunft zeigen, statt auf diese Burschen aufzupassen...«

Die Zwillinge haben mich links und rechts an den Armen gepackt und rennen mit mir weg. Das heißt, sie tragen mich fast. Die Stimme verfolgt uns noch ein ganzes Stück. Schnaufend und kichernd bleiben wir stehen.

»Mensch, Ille, du bist prima!« keucht Mick, und Martin ergänzt: »Einfach Klasse. Du hast dem Kerl glatt den Hut vom Kopf geschossen!«

»Eigentlich hätten wir uns wenigstens entschuldigen sollen«, sage ich, aber ich meine es nicht ernst. Der Mann war viel zu wütend, um zu diskutieren, und wenn er dann gemerkt hätte, daß ich blind bin... Taktlosen Bemerkungen bin ich noch nicht ganz gewachsen.

»Ist ihm denn was passiert?« frage ich sicherheitshalber. Die Zwillinge können vor lauter Lachen noch nicht richtig antworten.

Wir gehen weiter. Wir kichern. Wir schlittern über glatte Strecken, ich immer fest eingekeilt zwischen Mick und Martin, die schon fast einen Kopf größer sind als ich. Wir vertragen uns.

»Hier ist es«, Mick bleibt stehen. »Sellin!«

Martin läutet, der Türsummer antwortet, wir drücken die Tür auf.

»Vorsicht, Stufe. Es ist im ersten Stock oben.«

Wir klettern hinauf. Es riecht nach Teer und Holz.

»Guten Tag, Fräulein Grote«, sagt eine fremde Frauenstimme, jemand nimmt meine Hand. »Ich bin Ernas Schwester.«

»Wir holen dich um sieben Uhr wieder ab, ja?«

»Oh, das sind Ihre Brüder! Guten Tag, nett, daß Sie Ihre Schwester den ganzen Weg hergebracht haben. Vielleicht kann ich sie ja zurückbringen?«

»Zur Bushaltestelle vielleicht«, sage ich und wundere mich über meine eigene Stimme. »Wenn Sie mich zum Bus bringen, und die Zwillinge holen mich an der Haltestelle ab . . .«

»Ja, natürlich, das mache ich gern. Es gibt einen Bus, der genau in Ihre Gegend fährt.«

»Ja, aber . . .« Mick zögert.

»Klar«, ich beruhige ihn. »Das ist doch kein Problem. Ich werde wie ein Paket in den Bus gesetzt, und ihr holt mich ab, pünktlich um sieben!«

»Na schön!« Sie verabschieden sich, immer noch zögernd. Ich gehe mit in die fremde Wohnung und komme mir mächtig mutig vor.

»Erna, dein Besuch!«

»Guten Tag. Ilse heißen Sie, nicht wahr? Ich freue mich sehr über Ihren Besuch, Frau Rehak hatte mir schon von Ihnen geschrieben. Danke Dora, das mache ich schon.«

Die Schwester geht weg. Wir sind allein. Es ist warm und gemütlich und riecht nach Kaffee, frischem Kuchen und Blumen. Hyazinthen? Narzissen? Egal.

»Bitte, hier entlang. Darf ich Sie führen?«

Sie geht schnell und sicher im Zimmer hin und her. Sie setzt mich auf einen Stuhl, gießt Kaffee ein, Milch, schneidet den Kuchen an.

»Ich hab' ihn rasch gebacken, Ihnen zu Ehren, ein altes Familienrezept, das schnell geht.«

Sie ist blind. Das weiß ich doch. Apfelkuchen. Eine freundliche Stimme: »Fein, daß Sie gerade heute angerufen haben, mittwochs arbeite ich nur halbtags, da habe ich Zeit.«

Sie erzählt von ihrer Kindheit, von ihren Eltern. Sie ist mit sechs Jahren blind geworden, heute ist sie 48.

»Ich habe schon früher gern gekocht und gebacken, aber heute ist das ja viel leichter mit den automatischen Geräten. Ich möchte doch alles allein machen, für mich sein. Meine Schwester und ihre Familie haben die Nebenwohnung, wir haben die Wand herausbrechen lassen, aber jeder führt sein eigenes Leben, das war mir lieber so. Aber ich bin auch froh, daß ich Dora bei mir habe und ihre Kinder. So ist es doch fast so, als hätte ich selber Kinder.« Sie macht eine Pause. »Das kann man nicht. Als blinde Frau Kinder haben, heiraten...« Sie schenkt mir neuen Kaffee nach, legt mir noch ein Stück Kuchen auf den Teller und erzählt weiter, etwas hastig zuerst, dann wieder ruhig.

»Ich mache mir nur Frühstück und Abendessen hier, mittags esse ich im Betrieb. Eine Kollegin nimmt mich in die Kantine mit. Nur wenn ich Besuch habe, dann kann ich mich richtig austoben mit einem Supermenü. Meine Freundin Berta Behrendt kommt oft, sie übernachtet dann auch hier auf dem Sofa. Ach du liebe Zeit, ich rede wie ein Wörterbuch, wie?«

Ich habe nur einen Namen verstanden.

»Berta Behrendt? Meinen Sie die berühmte Sängerin? Die ist Ihre Freundin?«

»Ja, wollen Sie etwas von ihr hören, ich habe ein paar Bänder da.«

Sie hantiert herum, leises Surren, und dann kommt die klare Stimme, die ich schon oft im Radio und auf Platten hörte.

»Blauer Himmel, blaue Wogen, leichter Nebel steigt und fällt...«

»Es ist mein Lieblingslied«, sagt Fräulein Sellin, »Berta hat es mir als Geburtstagsgeschenk gesungen.« Die letzten Zeilen: »... also spiegle, spiegle du in Liedern, was die Erde Schönstes hat.«

Wir hören noch andere Lieder. Dann erzählt Erna Sellin wieder.

»Berta ist eine sehr glückliche Frau. Sie macht Menschen durch ihren Gesang glücklich. Wir haben lang zusammen gewohnt, wir hatten ein gemeinsames Zimmer in der Blindenanstalt.«

Berta Behrendt ist blind? Sie ist auch blind?

»Ich wurde als Sekretärin ausgebildet, zwei Jahre, Schreibmaschine und Stenografie, Blindenkurzschrift natürlich. Auch als Telefonistin wurde ich ausgebildet, große Betriebe haben oft blinde Telefonistinnen, sie sind schneller als sehende. Komisch, was?« Sie steht auf und bringt mir einen kleinen Apparat.

»Das ist mein Stenomaschinchen. Die Abkürzungen sind ähnlich wie bei der normalen Kurzschrift. A ist als, B ist bei, C ist sich. Es setzt sich aus den sechs Punkten der Braille-Schrift zusammen. Sechs Tasten, mit denen man alle Buchstaben zusammensetzen und in Papier prägen kann. Natürlich dauert es lange, bis man ein guter Stenograf ist, aber jetzt bin ich seit achtzehn Jahren Sekretärin, und ich bin glücklich in meinem Beruf. Schließlich will man ja auch nicht von einer Rente oder von Verwandten abhängig sein . . . O je, jetzt predige ich schon wieder.«

Sie sagt, sie ist glücklich. Was heißt denn Glück? Zufrieden ist sie. Wie werde ich später sein? Auch – zufrieden? Jetzt fällt es mir wieder ein. Frau Rehak hat es mir gesagt, als ich schon im Krankenzimmer lag.

»Besuch Erna Sellin, sie ist ein prachtvoller Mensch!« Ein Mensch.

»Also spiegle du in Liedern.« Kann die Musik das Leben widerspiegeln? Werde ich das können – am Klavier? Ein Mensch – ich will nicht nur zufrieden sein. Ich will glücklich sein – eine Frau.

»Habe ich etwas Dummes gesagt?« Sie steht plötzlich neben mir. Meine Fingerspitzen tasten über meine neue Armbanduhr.

»Nein, nein, gar nicht. Aber es ist schon nach halb. Ich glaube, ich muß gehen.«

»Ja, natürlich. Moment, ich bringe Sie zum Bus!«

Wir gehen zusammen die Treppe hinunter. Sie geht so sicher, als könnte sie sehen. Wir sind draußen, es ist sehr kalt nach der geheizten Wohnung.

»Hallo«, sagt plötzlich eine Stimme dicht neben mir.

»Peter!«

»Guten Tag. Ich hole Ilse ab. Die Zwillinge wissen Bescheid.«

Ich verabschiede mich. Ich sage: »Danke für den schönen Nachmittag!« und hoffe, daß sie mir glaubt.

Wir gehen zusammen zurück.

»Seit wann bist du wieder hier?« frage ich. Peter lacht.

»Mütterchens Geburtstag. Und das Pauken auf die letzte Prüfung, das klappt auch am besten, wenn man jeden Tag was Warmes in den Bauch bekommt.«

»Danke für deine Karte!«

»Die hätte ich dir fast selber bringen können, wie?«

»Wo hast du die Zwillinge getroffen?«

»Bei euch, wo sonst? Ich fragte nach einer gewissen Ille. Erzähl mal, wie war's?«

Ich berichte ihm, und er will alles genau wissen. Von dem Beruf, von Berta Behrendt und von dem Punktschrift-Maschinchen.

Dann erzählt er: von einer Ausstellung, die er gesehen hat, von einem Maler, von Farben.

Peter ist ein Augen-Mensch: Farben und Formen. Ich lebe durch das Ohr: Musik. Und Erna Sellin? Die Arbeit?

»Wann geht deine Schule wieder los?« fragt Peter, und ich kann nicht heraushören, ob er von meinem ersten Schulversuch weiß oder nicht.

»Am ersten März geht's los«, sage ich, und ich glaube, es klingt ganz munter.

»Beeil dich mit dem Lernen! Dann kann ich mir auch so ein Maschinchen kaufen und dir Briefe schreiben, die du selber lesen kannst, ohne andere Leute.«

»Das ist doch ein Apparat für Punktschrift!«

»Na und! Glaubst du vielleicht, ich bin zu blöd, um diese Schrift zu lernen? Wollen mal sehen, bei wem's schneller geht!«

Als ich heimkomme, sind die anderen schon mit dem Abendessen fertig.

Licht in meiner Hand

»Schon wieder ein Brief für dich, Ilse!«

Der Brief ist dick. Eigentlich ein Päckchen. Meine Finger finden den Knoten, lösen ihn und reißen das Papier auf. Ein Tonband. Sorgfältig fädele ich das Ende ein, lasse ein Stück zurücklaufen und schalte das Gerät ein.

»Meine liebe Ille, vielen Dank für deinen Brief. Er hatte nur noch drei Tippfehler! Ich bin so glücklich, daß es dir gutgeht. Hier hat sich...«

Muttis Stimme ist bei mir im Zimmer.

Vor dem Fenster rattert der Rasenmäher. Es ist immer noch derselbe Rasenmäher, aber er wird nicht mehr von Robert bedient. Der Junge, der mit ihm arbeitet, heißt Gert.

Es ist Mai. Jetzt ist es genau ein Jahr her, seit ich erfahren habe, daß ich blind bin für immer. Und seit fast drei Monaten bin ich wieder hier in der Schule, richtig hier. Mir kommt die Zeit viel länger vor oder auch kürzer – komisch.

Die Stimmen von Mick und Martin quäken dazwischen. Dann kommt Andreas, nüchtern und knapp: »Alles Gute, Schwesterherz, halt die Ohren steif!«

Und Röschen, dünn und piepsig, immer noch voller Mißtrauen gegen dieses komische surrende Gerät: »Ja – ja ... Illekind? Hier spricht Röschen. Ich ... Iß nur immer ordentlich, ja!«

Das Fenster ist fast den ganzen Tag offen. So warm ist es schon. Es riecht nach Garten und Sonne. Ich suche in meinem Schreibtisch nach dem Papier und spanne einen leeren Bogen in die Schreibmaschine. Es ist nicht so ein alter Klapperkasten wie bei uns daheim, sondern eine Spezialmaschine mit besonders gekennzeichneten Tasten.

»Liebe Mutti,

Kuß auf die Nase. Dein Band ist gerade angekommen. Große Neuigkeit: Seit gestern wohne ich in einem Zweierzimmer. Das ist natürlich prima, vor allem, weil ich es mit Britt teile, ich habe dir ja schon von ihr geschrieben. Wir verstehen uns großartig und stecken dauernd zusammen. Sie kann noch ein ganz kleines bißchen sehen, hell und dunkel unterscheiden und sehr kontrastreiche Farbgegensätze. Dabei fällt mir ein, ich habe mich immer gefragt, wieso sie hier alles in so knalligen Farben eingerichtet haben. Britt hat es mir beschrieben, und Fräulein Helm auch, aber einige von uns sehen ja noch etwas. Hast Du's gemerkt? Ich habe ›uns‹ gesagt. Stimmt, ich bin jetzt hier.

Eine Riesenbitte! Kannst Du mir Stoff schicken??? Am liebsten etwas, was sich gut nähen und pflegen läßt – hellblau oder so? Wozu? Du wirst es ja nicht glauben, aber ich will mir einen Rock nähen. Wir machen das im Handarbeitsunterricht. Nur zuschneiden kann ich nicht, das andere geht schon. Bei mir ja sowieso, ich konnte ja schon früher etwas nähen. Man tastet die Nähte und die Umrisse.

Das wär's für heute. Viele liebe Grüße an Onkel Frick und die Brüder. Eure Ille«

Ich bin fertig, falte den Brief zusammen, schiebe ihn in einen Umschlag und taste in meinem Briefmarkenkästchen nach der richtigen Marke.

»Kommst du mit runter zum Briefkasten?« frage ich. Britt grunzt und wälzt sich auf ihrem Bett herum.

»Du bist gräßlich! Wozu nennt sich diese Stunde Ruhestunde? Was meinst du?«

»Na, komm schon!«

»Du mit deiner ewigen Aktivität.«

Sie meint mich. Außer mir ist ja niemand im Zimmer. Stimmt, ich habe mich verändert. Wenn ich an das letzte Jahr zurückdenke, begreife ich mich selbst nicht. Manchmal kommt es mir so vor, als hätte ich geschlafen.

Wir gehen zusammen hinunter in den Garten und zum Briefkasten am Tor. Er ist besonders groß, denn vor allem ist er ja für Blindensendungen, Briefe in Braille-Schrift und Tonbänder.

»Komm, wir sehen mal in der Küche nach, was es heute abend gibt!« sagt Britt. Wir gehen zurück. Ich kenne mich jetzt aus, auch ohne Britt. Es ging viel schneller diesmal. Schneller sogar als damals bei uns zu Hause, obwohl die Anlage hier doch wirklich viel größer ist.

Die Küche liegt im Keller. Es duftet nach Mandelöl, Kuchen also. Britt zieht die Luft ein. Vorsichtig schleichen wir uns weiter. Der Duft wird immer stärker und stärker.

»Hab' ich euch erwischt!« Die dicke Lisa lacht meckernd. Britt hat mir gesagt, daß die dicke Lisa gar nicht dick ist. Kochen kann sie jedenfalls phantastisch, und der Unterricht bei ihr macht auch Spaß.

»Wir wittern Mandelkuchen«, sagt Britt und schiebt sich weiter in die Küche hinein.

»Halt, stehengeblieben! Hier, für jeden ein Stückchen von der Kante, und nun verschwindet!«

Sie jagt uns hinaus. Im Treppenhaus treffen wir Heike, Uschi und Gerda. Ich verstehe mich jetzt gut mit ihnen. Mit allen vertrage ich mich, nur nicht mit Anna. Sie wohnt auf der anderen Seite vom Gang und ist brummig, so wie ich damals im Herbst. Aber jetzt ist Frühling.

Die Glocke zum Nachmittagsunterricht läutet. Überall knallen die Türen, Schritte trappeln, im nächsten Augenblick ist es mit der Ruhe vorbei. Das Haus ist voll.

»Bis nachher!« Ich gehe in die andere Richtung zum Kinderhaus. Den Weg finde ich jetzt natürlich auch schon allein. Kinderhaus, ja: Ich muß ja lesen und schreiben lernen wie ein kleines Kind; nur daß ich viel langsamer bin, weil ich ja erst umlernen muß. A ist ein Punkt links oben. Die anderen Kinder lernen diese Schrift ganz selbstverständlich. Überhaupt habe ich mich gewundert, wie schnell sie reagieren. Als Fräulein Helm mich in die Klasse brachte und sagte: »Das ist unsere jüngste Schülerin, Ilse!« Da haben sie alle gleich losgelacht. Sie haben das irgendwie gespürt, daß ich schon viel älter und größer bin. Und dann hab' ich mich hinter so einen kleinen Tisch geklemmt, und das gab ein Theater. »Ilse Langbein!« Den Namen hab' ich weg. Und natürlich wissen sie alle schon viel, viel mehr als ich und sind ungeheuer stolz darauf. Zum Schreiben haben wir zwei Metallplatten, in denen immer das Rechteck für die sechs Punkte der einzelnen Buchstaben frei ist. Mit einem Stift drückt man die Punkte an die richtige Stelle in das Papier dazwischen, dreht es um und kann es lesen – oder auch nicht, so wie meine ersten Versuche. Aber jetzt geht es allmählich.

Diktat, Leseübung, schwierige Worte. Die Punkte sind dicht beieinander. Aber meine Fingerkuppen sind empfindlich.

»Ilse Langbein! Wieviel Punkte hat ein X?«

»Und das Y?«

Jetzt habe ich wenigstens einen größeren Tisch vom Hausmeister bekommen, und Ende des Monats kann ich in meine richtige Klasse kommen. Ich bin dann so weit, daß ich die normalen Bücher lesen kann: Biologie, Erdkunde, Mathe.

Was das tollste ist, es macht mir Spaß. Ich sitze stundenlang im Erdkundezimmer und taste über den Globus, auf dem jeder Fluß und jede Stadt plastisch zu spüren

sind. Oder ich gehe in die Bibliothek und lese Kinder-
bücher, die sind einfacher, aber so nach und nach wird
es schon.

Im Modellraum bin ich auch gern. Obwohl er eigentlich
vor allem für die Kinder ist, die noch nie sehen konnten.
Alles gibt es hier zum Anfassen: Tiere, ein Löwe, ein
Hirsch, ein Schaf, Vögel, Menschen, Köpfe, Gebäude in
kleinem Maßstab, natürlich mit Unterschriften in Punktschrift. Schiffsmodelle, Pflanzen, Autos.

»Lieber Peter,

ha, ha, ich wette, den ersten Brief in Braille-Schrift
schreibe doch ich. Ich könnt's schon, aber wenn Du es
natürlich noch nicht lesen kannst ... Ja, ja, kennen wir
schon, Arbeit und so. Was macht die Prüfung? Vielen
Dank für Deine Grüße auf dem Familientonband und die
Gewissensqual, ob du dir auch ein Tonband oder einen
Schreibapparat kaufen sollst. Mein Tip: Tonband ist zu
teuer, aber natürlich auch für andere Zwecke zu verwenden.

Mir geht's gut hier. Erstaunlich, wie schnell ich mich
diesmal eingelebt habe, vermutlich einfach, weil ich
wollte. Aber wenn man die Anlage hier erst einmal im
Kopf hat, dann ist es ganz leicht. Alles ist klar und einfach angeordnet. Die Wege sind schnurgerade, und man
spürt sofort, wenn man sich auf den Rasen verirrt. Das
muß schon ein guter Architekt gewesen sein, der sich das
ausgedacht hat. Vom Haupteingang her führt eine breite
Allee auf das Schulhaus zu. Dort sind die Klassenräume
und die Aula. Rechts und links vom Hauptweg liegen
die Wohnungen, die Werkstätten und die neue Turnhalle.
Die Wohnungen der Lehrer, das kleine Krankenhaus, die
Verwaltung und der Eßsaal mit der Küche. Ob es allerdings auch schön aussieht, weiß ich nicht.

Heute abend ist ein großes Ereignis. Wir gehen ins Theater.
Wir ›Großen‹. Ein Grinsen an dieser Stelle ist höchst
überflüssig! Muß jetzt sausen und mich verschönern.

                    Punkt-Punkt-Komma-Strich: Ille«
»Wo ist denn mein zweiter Schuh?«
»Leih mir doch mal deinen Lippenstift.«
»Paß nur auf, daß du nicht deine Nase bemalst!«
»He, kann mir jemand von euch einen kleinen schwarzen
Pulli leihen?«

»Einen kleinen Pulli ist gut, du bist ja größer als wir alle zusammen!«

»Los, macht schon, der Bus ist vorgefahren!«

»Pfui Teufel, wer hat denn hier eine Parfumfabrik ausgekippt?«

»Ille, mach doch endlich! Meine Güte, jetzt schreibt die noch immer an ihrem Brief rum! Hat das nicht Zeit bis morgen?« »Der große Unbekannte« heißt das Stück. Den Inhalt kannten wir schon vorher. Liebe, Untreue und große Versöhnung am Schluß. Ziemlich lustig, wenn man die einzelnen Personen erst einmal raus hat, dann kommt man gut mit.

Am nächsten Tag spielen wir das Stück noch einmal in der Küche beim Abtrocknen. Die dicke Lisa ist der ungetreue Liebhaber, und ich bin die geizige Erbtante. Ein Wunder, daß wir dabei keinen Teller kaputtbekommen.

Beim Kasperletheater habe ich meine neuen Theatererfahrungen gleich angewandt. Ein selbstverfaßtes Stück für unser Kinderfest, ohne Figuren natürlich. Figuren brauchen wir nicht.

Ich singe jetzt auch im Chor. Es ist kein großer Chor, aber er ist berühmt. Jedes Jahr gibt die Schule ein Konzert. Volkslieder, Schubert und Teile aus Carmina Burana von Carl Orff. Auch Berta Behrendt hat schon für uns gesungen. Die Halle ist jedesmal ausverkauft. Die Leute kommen nicht aus Mitleid. Unser Chor ist wirklich berühmt. Unser, sage ich, und dabei ist meine so überaus wertvolle Stimme erst seit drei Wochen dabei.

Das kam durch Martin Ziegler. Bei ihm habe ich Klavierstunden. Jetzt bin ich wieder bei dem Punkt angekommen. Ich versuche schon die ganze Zeit über an etwas Schönes zu denken, etwas Erfreuliches, und dann lande ich immer wieder da: Klavier.

Es war vor zwei Wochen: Ich gehe nachmittags über den leeren Gang zum Musikzimmer. Um vier Uhr fängt meine Stunde an. Die anderen haben frei. Es ist sehr ruhig. Meine Schritte klappern auf dem glatten Boden. Ich trommle mit den Fingern über die Wand, Rauhputz – Ölfarbe, eine Holztür, lackiert – Kacheln. Wenn ich ein Material nicht an der Oberfläche erkennen kann, dann klopfe ich leicht dagegen. Alles hat ein anderes Geräusch. Ich kann so Stahl und Aluminium unterscheiden oder Glas und Metall.

Plötzlich bleibe ich stehen. Ich weiß nicht, warum. Kein Geräusch, kein Hindernis, der Gang vor mir ist doch noch fast zwanzig Schritte lang. Vorsichtig taste ich mit beiden Händen nach vorn: die Bohnermaschine. Meine Hände umklammern den dicken Holzgriff, der wie ein Besenstiel vor meinem Gesicht aufragt. Was hat mich gewarnt?

»Oh, Entschuldigung, tut mir ja so leid!« Frau Lindinger kommt angelaufen und schafft die Bohnermaschine weg. Mir macht das nichts aus. Ich bin froh. Ich denke an den Professor in der alten Klinik, der mir gesagt hat, daß ich vieles intensiver erleben werde. Aber das habe ich nicht erwartet. Es ist wie ein neuer Sinn. Ich bleibe stehen, wenn vor mir plötzlich etwas auftaucht, noch bevor ich es berührt habe. Ob es mit den Ohren zusammenhängt? Mit Schallwellen? So wie bei Fledermäusen, die auch im Dunkeln nie anstoßen? Ich denke nach und achte nicht auf die Stimmen. Ich stehe plötzlich vor dem Musikzimmer. Die Stunde vor mir hat Erwin. Er ist achtzehn und spielt fabelhaft. Und dann höre ich auf einmal, was sie sagen, die Stimme von Herrn Ziegler: »... kann ich dir leider nicht raten. Es gibt nichts Schlimmeres als einen halben Künstler. Wer nur guter Durchschnitt ist, soll die Finger von der Kunst lassen.«

Sie reden noch mehr, aber ich höre nicht mehr hin. Guter Durchschnitt – Erwin ist viel besser als ich, viel besser. Ich bin schlecht in der nächsten Stunde. Ich würde gerne fragen, wie Ziegler mich einschätzt. Aber ich traue mich nicht. Ich habe Angst, daß er mir das sagt, was ich selber denke. Also denke ich lieber nicht mehr daran.

Aber das klappt nicht immer. Immer öfter denke ich an andere Berufe. Obwohl ich es nicht will. Ich denke daran, wie schwer es ist, beispielsweise Lehrer zu sein, an einer Blindenschule vor allem. Aber das wäre doch etwas, was ich könnte? Nein, ich könnte es nicht! Geduld und nochmals Geduld, nie an sich selber denken, immer für andere ...

»Hallo, Britt, komm, spielen wir eine Partie Halma oder Schach, wetten, daß ich diesmal siege?«

»Keine Lust.«

»Du bist ja noch fauler als ich.«

»Ich hab' ein neues Buch.«

»Was denn?«

»Ambrose Bierce, ›Mein Lieblingsmord‹.«

»Klingt ja toll. Gib mal her.«

»Nein, ich hab's mir doch selber eben erst geholt!«

»Na laß mich doch wenigstens mal reinriechen. Ich kann doch sowieso noch nicht richtig lesen.«

Ich reiße ihr das riesige, schwere Buch weg und lege es vor mir auf meinen Tisch. Meine Finger, die am Anfang die kleinen Punkte kaum spürten, fühlen sie jetzt deutlich. Ich stopsele zuerst Buchstaben an Buchstaben, Worte an Worte, es geht besser, flüssiger. Zweite Seite, dritte …

»Ille, das war nicht abgemacht!«

»Britt! Ich lese! Ich kann lesen! Richtig, ohne an die einzelnen Buchstaben zu denken. Und – diese Geschichte ist irr spannend!«

Britt ist wirklich nett. Sie läßt mir das Buch und holt sich ein anderes.

»Ich kann nach dem da sowieso nicht schlafen!« seufzt sie. Für die nächsten Stunden sind die unangenehmen Gedanken ausgesperrt.

Es klopft: Helga. Ich bin jetzt sehr selten mit ihr zusammen. Sie kümmert sich um die Neuen und bringt die Post.

»Schon wieder ein Brief!« verkündet sie laut. »So gut wie du möchte ich es auch mal haben.«

Stimmt, keiner bekommt so viel Post wie ich; jedenfalls auf unserem Stockwerk nicht. Ich nehme ihr das Kuvert ab. Das ist ein Blindenkuvert!

Sollte Peter tatsächlich … Ich reiße den Umschlag auf, ziehe den Karton heraus: Punktschrift. Tatsächlich, mein erster Brief in Braille-Schrift.

»Liebe Ille, da staunst du, was? Wir haben uns von deiner Schule heimlich die Schreibplatten und den Metallstift schicken lassen. Geht doll schwer, aber lustig. Uns geht es allen gut. Mutti läßt grüßen und Röschen und Andreas auch, und Hanne und Heinz und Ruth und überhaupt alle, und Mick.   Dein Martin«

Ich freue mich so, daß ich ihnen gleich antworte. In Braille:

»Lieber Mick-Martin!

Das war wirklich eine Überraschung. Lieb von Euch, daß Ihr extra für mich die Punktschrift gelernt habt. Vielen Dank! Hier tut sich allerhand. Endlich ist es warm genug zum Schwimmen. Wir gehen jeden Morgen – na ja, fast jeden Morgen – ganz früh hin, sage und schreibe um halb sechs! Aber dann ist das Becken noch frei, und wir sind die Alleinherrscher. Dann flitzen wir im nassen Badezeug über den Rasen ins Haus. Es ist schon so heiß, daß man am liebsten den ganzen Tag so herumlaufen würde. Ich freue mich auf die Sommerferien! Viele Grüße an alle. Eure Ille«

Der Brief von Peter kommt drei Tage später. Er ist kurz: »Da ist er! Ach so, halt! Liebe Ille, jetzt geht's weiter. Na, habe ich es nun gelernt oder nicht? Mehr demnächst. Achte auf den 24. Juni!   Dein Punktschüler«

Aber am 24. Juni kommt kein Brief für mich. Nicht einmal eine Karte, kein Gruß auf Muttis Tonband am Tag vorher, nichts. Ich gehe mit den anderen in den Unterricht und wieder zurück. In zehn Minuten gibt es Mittagessen.

Plötzlich sind Stimmen vor unserer Zimmertür.

»Hier ist es«, sagt Helgas Stimme. Dann klopft sie.

»Herein«, sagt Britt.

»Besuch für Sie!« ruft Helga.

Ich habe plötzlich eine dicke Tragtüte in den Händen und rieche Rosen.

»Die Tüte ist von Mutti«, sagt die Stimme von Andreas, »drin sind Nüsse und ein Kuchen von Röschen und noch einige Sachen.«

»Und die Blumen sind von mir«, sagt Peter, »gelbe Rosen, klein, aber duftend.«

»Die Überraschung ist euch ja gelungen«, sage ich matt. Sie lachen.

»Ich habe mir ein Dings gekauft, du weißt schon, so einen Untersatz mit vier Rädern«, erklärt Peter, »Auto wäre wirklich Hochstapelei. Und weil ich eine Ausstellung hier besuchen mußte, da habe ich deinen Bruder eingepackt, und hier sind wir.«

Britt und ich schleppen die beiden durch die ganze Schule. Nach dem Essen natürlich. Sie sitzen bei uns am Tisch und werden bestaunt und verwöhnt wie jeder Besuch.

Peter macht unentwegt Bemerkungen, Andreas ist ungewöhnlich schweigsam. Wir bringen sie in den Physiksaal, zeigen ihnen die Versuchsgeräte, die besonders für Blinde konstruiert sind, und gehen in den Mathematikraum, in dem die Kästen mit fest eingespanntem Lineal und Dreieck für den Geometrieunterricht stehen, in die

Werkstätten, in denen gewebt, geschreinert und modelliert wird, und in die Turnhalle.

Endlich macht auch Andreas den Mund auf: »Du hast unwahrscheinliche Fortschritte gemacht, Ille! Wie sicher du hier herumläufst!«

Er redet mit mir, als wäre er mein Vater. Manchmal denke ich, er redet sogar mit Mutti väterlich.

»Wirklich unwahrscheinlich!« sagt er noch einmal. Peter lacht.

»Na hör mal, du hast deiner Schwester wohl gar nichts zugetraut, mir war von Anfang an klar, daß sie's schafft.«

Von Anfang an. Ich bin froh, daß Peter mich am Anfang nicht erlebt hat.

»Der geht dir ganz schön um den Bart, Ille«, sagt Andreas, und Peter fragt verblüfft: »Bart? Ille hat einen Bart? Das kann ich nun wirklich nicht finden.«

Ich gebe Andreas ein Kissen für Mutti mit, das ich gewebt habe; er sagt, es wäre schön, in leuchtenden Farben.

Peter bekommt beste Grüße mit für Hanne und all die anderen.

Sie sind wieder weg – schade. Britt sagt: »Die sollten uns öfter besuchen.«

Ich habe keine Zeit, darüber nachzudenken. Natürlich wäre es nett, das schon. Aber jetzt bin ich schon wieder weiter; ganz woanders. Nein, Onkel Frick, Glück ist nicht, wenn nichts passiert. Glück ist, wenn viel passiert.

Mein Tag ist voll: Schwimmen, Schule, Lernen, Essen, Kochen, Handarbeit, Klavier, Chor, Spielen, Lesen, Briefe.

Wir gehen ins Museum. Es ist Montag. Das Museum ist an dem Tag geschlossen. Aber wir dürfen hinein. Wir dürfen sogar etwas, was sonst niemand darf. Wir dürfen alles berühren. In Amerika gibt es ein richtiges Blindenmuseum. Hier gibt es einen verständnisvollen Direktor.

Meine Finger tasten über Plastiken aus Kupfer, Bronze: ein Kind, eine Mutter, zwei Mönche – Barlach. Eine rauhe Metallfläche, die Ziege, hochbeinig, rundbäuchig – Picasso. Zum Teil sind es Originale, zum Teil Abgüsse. – Henry Moore, verkleinerte Modelle, glatt und rund. Der nächste Saal: die Venus von Milo, der Laokoon, ein Bilderfries aus einem Tempel in Athen. Plastiken, deren Originale in Paris sind, in London, Rom oder Athen, die wir nie sehen werden. Die leise Stimme des Direktors erklärt jedes Stück. Wir haben viel Zeit. Ich sehe – mit meinen Händen. Manchmal habe ich Angst. Die Eindrücke in meiner Hand sind so plastisch, so deutlich und so direkt, daß sie sich über meine Erinnerungen legen. Ich spüre eine Form: ein Gesicht, Augen, Nase, Lippen, das Kinn. Ich vergleiche es nicht mehr mit dem, was meine Augen früher gesehen haben, was ich kenne. Das Bild, das in mir entsteht, ist neu.

Die Angst bleibt nicht lange. Ich gehe weiter. Die Dunkelheit ist nicht mehr schwarz.

Abschied

Ferien. Ich bin zu Hause, es ist Sommer. Ich habe Shorts an und ein Hemd von Andreas. Staubwischen, jetzt den Abwasch, Aufräumen. Ich habe keine Zeit. In einer Stunde holt Peter mich ab. Er hat angerufen und irgend etwas von einem Ausflug erzählt. Es klang sehr geheimnisvoll.

Die anderen sind weg: Mutti bei Onkel Frick, die Zwillinge auf dem Sportplatz, Andreas in der Stadt. Röschen ist hier. Sie liegt in ihrem Zimmer mit gebrochenem Bein. Das heißt, der Knochen ist schon wieder zusammengewachsen, der Gips ist weg, aber sie muß noch liegen.

Eigentlich sollte mir das leid tun. Röschen tut mir ja auch leid. Aber sonst bin ich froh darüber. Ich bin allein, und ich mache alles allein. Kein Problem, alles klappt.

Morgens mache ich das Frühstück, Tisch decken, Kaffee kochen. Die Zwillinge kaufen ein, ich diktiere ihnen die Liste. Röschen jammert natürlich.

»Die arme Ille! O Gott, o Gott, das geht doch nicht! Nein, so ein Pech, wenn ich nur schon wieder . . .« Aber mir macht es Spaß.

Die Tomaten aus dem Garten warten in einer großen Schüssel: Brühen, Häuten, Einkochen. Noch eine halbe Stunde.

Ich war nur ein halbes Jahr weg. Das ist wie eine Ewigkeit. Die Zwillinge sind noch ein Stück gewachsen, da komme ich nicht mehr mit, obwohl ich auch größer geworden bin.

Mutti und Onkel Frick heiraten zu Weihnachten. Jetzt freue ich mich sogar darauf. An unser Haus wird noch ein Zimmer angebaut, für Onkel Fricks Bibliothek.
Fertig. Ich gehe hinauf zu Röschen. Ihr Bein ist noch dick und unförmig. Ich streiche die Salbe in die Haut und massiere das Bein. Der Arzt hat es mir gezeigt. Leicht von unten nach oben streichen, die Muskeln lockern, kräftigen. Mit den Fingerspitzen . . .
»Sie machen das sehr gut, wollen Sie nicht zu mir in die Klinik kommen? Ich könnte Sie ausbilden.«
Gestern habe ich mit Onkel Frick gesprochen.
»Sag es mir bitte ganz ehrlich!«
Zuerst hat er nicht geantwortet, dann hat er leise gesagt: »Nein, Ille. Die Musik als Beruf, nein. Ich will nicht, daß du dir falsche Hoffnungen machst. Du bist begabt, und du wirst die Musik immer haben . . .«
Aber es reicht nicht. Ich habe es verstanden. Vor einem Jahr hätte ich geheult. Onkel Frick redet auf mich ein, versucht mich zu trösten. Meine Ruhe erscheint ihm unheimlich. Ich verabschiede mich. Im Moment will ich nicht daran denken. Oder habe ich die ganze Zeit über daran gedacht? War ich mir in Wirklichkeit gar nicht so sicher? Habe ich es mir nur nicht eingestanden, weil ich etwas brauchte, das mir half? Vielleicht denke ich ein anderes Mal mehr darüber nach, jetzt habe ich keine Zeit.
»Ich fahre weg, Röschen. In der Küche ist alles fertig.«
»Ja, viel Spaß. Paß nur gut auf, ja . . .«
Ich flitze hinunter in mein Zimmer und ziehe mich um.
Es läutet.
»Das ist also das Ding, das fährt, wenn es fährt!«
Peter führt mich zu seinem Auto, macht die Tür auf und schiebt mich vorsichtig auf den Sitz. Die Federung gibt weich nach, durch das offene Dach scheint Sonne auf mein Gesicht.
Ich denke einen Moment lang an die Fahrt vor über einem Jahr. Dann brummt der Motor auf, und er hat ein ganz anderes Geräusch als das Auto vom Professor.
»Was für ein geheimnisvoller Ausflug soll das werden?« frage ich.
»Nur abwarten. Nicht der Ausflug ist wichtig, sondern das Ziel.«
»Was für ein Ziel?«

»Eine Überraschung.«

»Sag schon mehr!«

»Hm«, er macht eine Pause. Der Wagen hoppelt über Schlaglöcher. »Gut, soviel will ich dir verraten. Der Name ist ›Tofelo‹.«

»Waaas?«

»Tofelo, ganz schlicht und einfach Tofelo.«

»Wenn du nur einmal ernst sein könntest.«

»Du tust mir wirklich unrecht. Ich bin so ernst wie selten.« Er lacht und berichtet mir, was um uns vorgeht, was auf der Straße zu sehen ist, was die anderen tun.

»Wir sind jetzt auf dem flachen Land. Vor uns taucht hinter Wiesen ein rotes Pünktchen auf, wird dicker, länger, ist ein Kirchturm. Links ein Wald, dann ein gelbes Rapsfeld, wir biegen jetzt auf einen Feldweg ab.«

Das Auto schaukelt nach rechts, es geht bergab. Irgendwo in der Nähe blökt ein Schaf, ein Hund bellt, ein anderer antwortet, Hühner.

»Das klingt mehr als ländlich«, sage ich, »was kommt jetzt?«

»Jetzt geht es noch ein Stückchen weiter. Ich mag nur nicht auf dieser blöden Autostraße fahren. Nichts als Hinweis- und Verbotsschilder. Ich fahre lieber durch die Dörfer, wo Hühner über die Straße laufen und Schafherden den Weg versperren, wo es Hunde gibt und vor allem Menschen.« Er ist einen Augenblick lang still und fährt dann fort: »Ich muß die Menschen sehen, ich muß sehen, wie sie leben, wenn ich Häuser für sie bauen will. Ich muß auch die Häuser sehen, die winkeligen Gassen, die Plätze, die Kirchen. Egal, ob schön oder nicht schön, ich kann gar nicht genug sehen. Jetzt sind wir im Dorf. Es ist weder malerisch noch sonstwie bemerkenswert; ein Dorf eben. Häuser, eine Hauptstraße, eine Baracke als Schule, die Kirche und überall Sonnenblumen. Die Kirche ist schön. Den Kirchturm habe ich schon ein paarmal vermessen und gezeichnet. Diese alten Baumeister, die haben schon verstanden, wie man baut.« Er stockt. »Ille, ist es taktlos, wenn ich dauernd so vom Sehen rede?«

»Nein, im Gegenteil.«

Er erzählt weiter, und ich höre zu. Hanne fällt mir ein. Sie hat Liebeskummer. Diesmal ist es ernst: Bernd vermutlich, sie sagt nichts darüber. Aber sie ist nicht mehr die alte. »Verflixt, wenn ich nur endlich erwachsen wäre!«

flucht sie. »Diese alberne Geschichte von der ›goldenen Jugend‹, die haben doch bloß die Alten mit ihrem schlechten Gedächtnis erfunden. Möchte nur wissen, was da ›golden‹ sein soll!«

Martin hat es gehört.

»Stimmt genau!« knurrt er. »Ein saublöder Zustand so zwischendrin.«

Er hat auch Liebeskummer, den ersten. Lotti ist die Ursache, die neueste Eroberung der Zwillinge: elf Jahre alt und sehr gerecht in der Verteilung ihrer Gunst an Mick und Martin. Wir vermuten allerdings, daß sie die zwei einfach nicht auseinanderhalten kann. Und bis jetzt ging es auch ganz gut, denn sie waren von jeher gewohnt, alles zu teilen. Aber die Liebe von Martin war stärker. Er sammelte drei Wochen lang Schokoladenplätzchen in einem Geheimkästchen auf dem Schrank, für Lotti natürlich. Mick fand sie und verputzte sie hintereinander weg. Mick hatte Magenschmerzen, bei Martin war's das Herz.

»Was lachst du da so vor dich hin?« erkundigt sich Peter.

»Ich bin lustig, ich bin froh, wie der Mops im Paletot!« zitiere ich.

»Das paßt großartig, denn jetzt kommt Tofelo!«

Der Wagen fährt nach rechts, holpert und steht.

»Bleib mal einen Moment sitzen, ja, ich bin gleich wieder hier. Nur eine Minute!«

Ich bin allein. Einen Augenblick lang kann ich noch seine Schritte hören, er läuft über Kies, dann ist er auf weicher Erde, und ich höre nichts mehr.

Es ist still und warm. Hummeln brummen, eine Grille sägt, Hunde bellen. Ich weiß nicht, wie lange ich allein war, plötzlich ist Peters Stimme wieder neben mir: »Und hier stelle ich dir Tofelo vor, Tofelo von den Heidebären.«

Ich habe etwas auf den Knien, etwas Weiches und Rundes, etwas, das sich bewegt und naß über meine Hand leckt, eine runde, feuchte Schnauze, ein struppiges Fell, einen kleinen Stummelschwanz, vier kurze Beinchen, weiche Schlappohren, ein kleines, warmes Pelzpaket, einen Hund.

»Ist der süß!« begeistert kraule ich unter dem weichen Bart und fahre mit dem Finger über die kurze Nase. Spitze Zähnchen schnappen nach meinem Finger und untersuchen ihn sorgfältig.

»Der ist ja zu niedlich! Wo hast du ihn gefunden?«

»Das eben ist Tofelo.«

»Tofelo? Soll das etwa der Name von diesem winzigen Plüschtier sein?«

»Das T ist wichtig, es gehört zu seinem Stammbaum. Aber wenn dir Tofelo nicht gefällt, dann kannst du ihn ja auch Tillefip nennen.«

»Noch schlimmer!« sage ich.

»Wöff!« meint der Hund.

»Töffel heißt er!« rufen wir beide gleichzeitig. Der Hund widerspricht nicht.

»Ich werde sofort eine Änderung im Hunderegister beantragen«, verkündet Peter ernst.

»Tu das«, sage ich, »wem gehört er eigentlich?«

»Wem? Na dir natürlich!«

»Mir?«

»Ganz recht. Hiermit sei dir kund und zu wissen, daß Töffel von den Heidebären von Stund an zu dir gehört.«

»Aber Peter, das . . .« Er läßt mich nicht weiterreden.

»Du kannst ihn nur nicht gleich behalten, er ist erst am Anfang seiner Ausbildung.«

»Ich verstehe nicht mal Bahnhof.«

»Später wird er ein großer Schäferhund und ein Blindenhund. Das ist seine Ausbildung. Sie fängt erst an.«

»Aber . . .«

»Und wenn sie fertig ist, bekommst du ihn. Bestimmt, das wird dir viel erleichtern. Komm, wir bringen ihn zurück.« Peter nimmt meinen Ellbogen und führt mich über eine Wiese. Töffel will unbedingt von meinem Arm herunter, aber ich halte ihn fest.

»Wo gehen wir eigentlich hin?«

»Rolf Mahrenbach bildet Blindenhunde aus. Er ist ein Freund von Vater, verheiratet, zwei Kinder. Ich mag seine Frau sehr gern.«

Er sagt nichts mehr, und ich frage nicht weiter. Wir kommen zu einem Haus. Hundebellen übertönt jedes andere Geräusch. Dann ist es ruhig. Eine tiefe Männerstimme sagt: »Herzlich willkommen. Na, wie gefällt Ihnen Tofelo?«

»Er heißt ab sofort Töffel!« sagt Peter. »Ille, das ist Rolf Mahrenbach, Ilse Grote.«

Eine breite Hand drückt meine, dann kommt eine Frauenstimme dazu.

»Nett, daß sie uns besuchen.« Wir gehen zusammen in ein Haus. Kinder rennen um uns herum, irgend etwas krabbelt an meinem Bein, Töffel befreit sich mit Gewalt und springt kläffend weg. Die anderen lachen.

»Seine Brüder!«

»Fühl mal«, sagt eine Kinderstimme. Etwas Federleichtes, Seidenweiches wird mir in die Hand gelegt, ein kleines Häschen.

»Ich bin Achim«, sagt die Stimme, »und das ist Kunigunde, Möllers dritter Wurf.«

Die anderen lachen über »Möllers dritten Wurf«. Ich gebe das Häschen zurück und wundere mich über einen kleinen Jungen, der ganz selbstverständlich sagt: »fühl mal«, statt »sieh mal«.

Ich höre auf die Stimme von Rolf Mahrenbach, der berichtet, wie ein Hund ausgebildet wird: Wie er zuerst mit einem Gestell laufen lernt, das so hoch ist wie ein Mensch, so daß er sich daran gewöhnt, auf Hindernisse zu achten, durch die er zwar nicht behindert würde, ein Mensch aber schon. Ich höre auf seine Stimme und die Schritte der Frau, die hin und her gehen. Ihre Stimme, die mit den Kindern spricht und uns Saft und Kuchen anbietet.

Und plötzlich weiß ich es: Sie ist blind. Sie ist genauso blind wie ich.

»Ja, es stimmt«, sagt Peter, als wir wieder zurückfahren. »Sie ist blind. Und ich wollte, daß du sie kennenlernst.«

Wir fahren weiter. Es ist Nachmittag, immer noch heiß. Irgendwo in einem kleinen Dorfgasthaus essen wir Kartoffelsalat mit heißen Würstchen, dann laufen wir über eine Wiese. Ich höre eine Ente, Wasser: ein kleiner See.

Wir setzen uns ans Ufer. Peter wirft Steine ins Wasser. Flach hüpfen sie über die Oberfläche, ich zähle mit. Eins, zwei, drei, bis acht. Ich taste nach einem besonders flachen Stein und versuche es auch, platsch. Noch einmal. Ich komme bis fünf.

»Woran denkst du?« fragt Peter plötzlich.

»Ich werde nicht Pianistin, nicht begabt genug.«

»Ist das so schlimm, Ille? Ich wollte auch ein moderner Balthasar Neumann werden oder ein Frank Lloyd Wright, einer von den ganz großen Architekten.«

»Was wirst du jetzt machen?« frage ich. Ich weiß nicht, ob er noch auf den See schaut oder ob er mich ansieht.

»Amerika. Dort gibt es viel zu lernen. Ich werde zwei Jahre drüben arbeiten. Wir werden uns schreiben, das Maschinchen kommt mit.«

»Wann?«

»In fünf Tagen.«

Die Ente schreit schrill und hoch. Frösche quaken, hölzern klappern Schilfrohre gegeneinander. Es riecht nach Algen. Er sieht mich. Aber ich sehe ihn nicht. Ich kenne sein Gesicht nicht, nur die Hand. Ich kenne nur seine rechte Hand, nicht das Gesicht mit den Augen, der Nase und dem Mund.

»Peter?«

»Hm?«

»Ich habe mich noch gar nicht für Töffel bedankt.«

»Das will ich nicht, daß du mir dankst. Ich habe Töffel doch nicht bezahlt. Ich habe ihn geschenkt bekommen.«

Wir schweigen. Ich spüre seinen Atem.

»Ille?«

»Ja?«

»Nimm sie weg.«

»Was?«

»Die Brille. Tu die schwarze Brille 'runter!«

Ich nehme sie nie ab. Nie, nur nachts, wenn ich allein bin, wenn mich keiner sieht.

»Nimm sie weg«, sagt er noch einmal leise.

Ich nehme sie ab.

Ich spüre seine Hände auf meinem Gesicht. Er küßt mich leicht auf die Augen, den Mund.

Auf der Heimfahrt sprechen wir nicht viel.

Ich kenne jetzt sein Gesicht: die Stirn mit drei Falten, die Nase, die Backenknochen, den Mund, das Kinn, eine kleine Narbe.

Zwei Jahre — Töffel braucht auch noch lange, bis er fertig ist. Und ich muß mich für einen Beruf entscheiden, lernen: Zwei Jahre und ein Leben.

Mick und Martin stehen am Gartentor und grölen uns entgegen.

»He, du fährst nach Amerika, Peter?«

»Kannst du uns nicht mitnehmen?«

»Im Koffer versteckt!«

»Aber schreiben mußt du uns, abgemacht?«

»Abgemacht«, sagt Peter.

Kennen Sie die Vielfalt des Arena-Programms?

Arena-Jugendbücher und Arena-Sachbücher berichten spannend und fesselnd aus allen Wissensgebieten.
Auf abenteuerlichen Wegen führen sie den Leser
durch die ganze Welt. Sie vermitteln den Geist und
das Wissen unserer Zeit in lebensnaher, anschaulicher
Form.

Auf den folgenden Seiten machen wir den Leser mit
einigen Veröffentlichungen des Arena-Verlags be-
kannt. Wer sich ausführlich über das Arena-Programm
informieren möchte, erhält gern das kostenlose
Gesamtverzeichnis vom Arena-Verlag Georg Popp,
Postfach 51 69, Talavera 7–11, 8700 Würzburg 1.

Weitere Arena-Taschenbücher von Irene Rodrian

Irene Rodrian
Der Mann im Schatten
Neun Jahre hat Herm auf seine
Entlassung gewartet. Nur der
Gedanke, sich an Detektiv
Angermann zu rächen, hat ihn
aufrechterhalten. Er hatte
damals nicht töten wollen, und
wäre Angermann nicht ge-
wesen, kein Gericht hätte ihn
verurteilt. Herm spürt den
Detektiv auf, doch dann nimmt
sein Plan eine unerwartete
Wendung.
Taschenbuch 1320,
128 Seiten

Irene Rodrian
**Das Abenteuer
mit der rosaroten 7**
Die kleine, naseweise Toni
möchte unbedingt Lokführerin
oder Trambahnfahrerin werden. Sie bedauert es sehr, daß
sie kein Junge ist. Aber leider
kann Toni nur in ihrer Phantasie
und in ihren Träumen Trambahnfahrerin sein, durch die
weite Welt reisen und die
schönsten Abenteuer be-
stehen.
Taschenbuch 1227,
128 Seiten,
reich illustriert

Arena

Arena-Begleiter
für alle Jungen und Mädchen

Arena-Mädchenkalender
Arena-Jungenkalender
Taschenformat, 280 Seiten mit über 100 Abbildungen,
16 Vierfarbtafeln, Karten, Plastikeinband

Es lohnt sich, im Herbst jedes Jahres in der Buchhand-
lung nach diesen vielseitigen und anregenden Taschen-
kalendern zu fragen! Hervorragend bebilderte Bei-
träge von Technik bis Sport, von Berufsbildung bis
Freizeitgestaltung machen den Kalender zum jederzeit
»auskunftsbereiten« Begleiter durch das Jahr.

Arena-Taschenbuch, Band 1306:
Robinson
Mein Merkbuch
Hier liegt ein ganz persönliches Buch vor, in das Jungen
und Mädchen eintragen können, was ihnen wichtig
erscheint: persönliche Daten, Geburtstage und Anschrif-
ten, Lieblingsbücher oder Schallplatten, Zensuren,
Sportleistungen und vieles mehr!
Jungen und Mädchen ab 10

Barbara Bartos-Höppner
Mädchengeschichten unserer Zeit
Die Rolle des jungen Mädchens in der Gesellschaft
hat sich gewandelt. Dadurch ist es schwieriger
geworden, die eigene Persönlichkeit zu entwickeln und
zu behaupten. Von diesen und anderen Problemen
handeln die interessanten Erzählungen dieses Buches,
das jedes aufgeschlossene junge Mädchen gelesen
haben sollte. Auf der Ehrenliste zum Österreichischen
Kinder- und Jugendbuchpreis.
160 Seiten, illustriert, mehrfarbiger Schutzumschlag

Eva-Maria Schmidt
Mädchen mit Taube
Ein ungewöhnliches Erlebnis läßt Eva Trojan, 13,
ihrer Umwelt gegenüber kritischer werden. Sie wird hell-
hörig für die Probleme ihrer Umgebung und beginnt
an sich selbst zu zweifeln. Sie trennt sich von ihren bis-
herigen Freundinnen und ihrem Freund.
Wird sie den Menschen finden, der ihr das verlorene
Selbstvertrauen gibt und vor allem Mut, Mut zum
Erwachsenwerden?
Band 1366. Mädchen ab 12

Siv Widerberg
Ein Freund – wofür?
Inger ist sechzehn Jahre alt, ihre Mutter dreiunddreißig
und ledig. Es hat zwischen ihnen nie größere Probleme
gegeben, bis die Mutter eines Tages einen fremden
Mann nach Hause bringt – und Inger Stig kennenlernt.
Band 1256. Mädchen ab 12

F. Crannell Means
Tuvenga, das Indianermädchen
Sarah Tuvenga, eine junge Indianerin, wird nach dem
frühen Tod ihrer Eltern von einer amerikanischen
Familie aufgenommen. Als ihre Liebe zu Kirk, einem
Weißen, unerfüllt bleibt, kehrt sie in das Dorf ihrer
Eltern zurück. Aber auch hier gehört sie nicht mehr zur
Gemeinschaft. Sie erkennt, daß ihr Volk in tiefem
Aberglauben dahinlebt.
Erst nach einer langen Zeit, in der Sarah versucht,
sich einzugewöhnen, gibt es einen Weg in die
Zukunft.
Band 1326. Mädchen ab 14

Arena

**Zwei fesselnde Tier-Anthologien
von Wimm Willborg**

Wimm Willborg
Donnernde Hufe
Edle Pferde haben zu allen Zeiten die Phantasie der
Dichter angeregt. Ihre schönsten und spannendsten Geschichten hat Wimm Willborg hier zusammengetragen.
Die Sammlung reicht von einer alten Beschwörungs-
formel, um selbst ein Zauberpferd herzustellen, bis hin
zu Melvilles Geschichte vom Weißen Hengst, der
die Menschen immer wieder beschäftigte. Wir lesen von
Pferden in der Schlacht und vor dem Streitwagen
und von der Reaktion der Indianer bei ihrer ersten Be-
gegnung mit diesem Tier.
»Die Geschichten, Mythen, Zaubersprüche und Episo-
den bilden eine gehaltvolle Anthologie für Jugendliche,
aber auch für pferdeliebende Erwachsene. Sehr
empfohlen.« Basler Jugendschriftenkommission
192 Seiten, reich illustriert,
mehrfarb. Schutzumschlag

Wimm Willborg
Freunde auf schnellen Pfoten
Hunde, oft die treuesten, manchmal die einzigen
Freunde eines Menschen: von ihnen handelt diese Anthologie. Wir hören von Vierbeinern im Rudel und
an der Leine, auf Wachtposten und im Jagdrevier. Aber
auch der Hund als Filmstar fehlt hier nicht. So ist
dieses reich illustrierte Buch mit seinen mal ernsten, mal
heiteren Geschichten eine echte Fundgrube für jeden
Hundefreund und darüber hinaus ein willkommenes
Geschenk für die ganze Familie.
192 Seiten, zahlreiche Illustrationen,
mehrfarb. Schutzumschlag

Arena

Spannende Tiererzählungen
in preiswerten Arena-Taschenbüchern

William Corbin
Ein Pferd im Haus
Dies ist die Geschichte von dem
prachtvollen Hengst Komet und
von Melanie Webb, vierzehn
Jahre alt. Sie ist die Art Mädchen,
die versucht, ihr Pferd ins Eßzimmer zu führen, um ihm dort
eine Mahlzeit zu servieren, nur
weil es Spaß macht. Sie ist auch
die Art Mädchen, die den Kampf
mit einem Pferdedieb aufnimmt,
in einen Fluß springt, um den
Freund zu retten, und ihren
Schwestern zuliebe auf ihr Pferd verzichten kann.
Band 1245, Jungen und Mädchen ab 12

Alec Carstairs
Der Kampf des letzten Pferdes
Paula und Simon lassen »Old Tom« nicht im Stich. Paula
darf mit Simon zum erstenmal zur Muschelernte auf
die Sanddünen fahren. An diesem Tag stürzt ein Flug-
zeug ab. Alle Traktoren des Dorfes werden für die
Bergung der Verletzten eingesetzt. Allein zurück bleibt
nur »Old Tom«, das letzte Pferd im Dorf, um die
Muschelsäcke heimzutransportieren. Da ereignet sich
ein zweiter Unfall…
»Ein spannendes, gutes Jugendbuch. Es weist einen
klaren, bestechend einfachen Stil auf, der auch in der
Übersetzung erhalten bleibt.«
                        Jugendschriftenausschuß Bremen
Band 1301, Jungen und Mädchen ab 10

Arena

Unsere neuen Reihen-Symbole erleichtern die Auswahl

Unter diesen Zeichen findet ihr in der Arena-Taschen-
buch-Reihe Bände aus euren Interessengebieten:

 Großschrift-Reihe –
vierfarbig illustriert

 Tiererzählungen

 Abenteuer –
ferne Länder

 Indianer-
bücher

 Sachbücher

 Science-fiction

 Bücher zum
Diskutieren

 Sportbücher

 Lustige Reihe

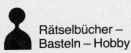 Rätselbücher –
Basteln – Hobby

Kriminal-
erzählungen

 Weihnachts-
bücher

 Mädchen-
erzählungen

Ihr begegnet den Zeichen auch auf den drei folgenden
Seiten mit dem Verzeichnis der lieferbaren Arena-
Taschenbücher.

Arena

Arena-Taschenbücher
modern gestaltet, spannend geschrieben

Arena

♥ ausgezeichnetes oder besonders empfohlenes Arena-Taschenbuch

Arena-Taschenbücher
erschließen die Welt

Arena